教育部人文社会科学研究青年项目《电视对农村留守儿童的社会化影响》研究成果
上海市教育委员会科研创新项目资助《农村留守儿童的电视认知模式及其社会化影响》

谁来伴我成长

媒介对农村留守儿童的社会化影响

王玲宁 著

学林出版社

图书在版编目(CIP)数据

谁来伴我成长：媒介对农村留守儿童的社会化影响 /
王玲宁著. —上海：学林出版社,2012.8
ISBN 978 - 7 - 5486 - 0413 - 6

Ⅰ.①谁… Ⅱ.①王… Ⅲ.①传播媒介—影响—农村—
儿童—社会问题—研究—中国 Ⅳ.①D669.5

中国版本图书馆 CIP 数据核字(2012)第 214279 号

谁来伴我成长

——媒介对农村留守儿童的社会化影响

作　　者——王玲宁
责任编辑——胡小波
封面设计——魏　来

出　　版——上海世纪出版股份有限公司 学林出版社
　　　　　　地址：上海钦州南路81号　电话/传真:64515005

发　　行——中国图书进出口上海公司
　　　　　　地址：上海市广中路88号　电话:36357888

排　　版——南京展望文化发展有限公司

字　　数——20万

书　　号——ISBN 978-7-5486-0413-6/C · 22

目　录

第一章　媒介与儿童的社会化

探讨媒介对农村留守儿童①社会化的影响,实际也属于媒介对儿童的影响或者效果研究下的一个细分研究。因为研究的对象是农村留守儿童的同时也是农村儿童,属于儿童这一范畴。所以,他们具有一般儿童所特有的社会心理发展特征的普遍性,同时也具有农村儿童的普遍性特征以及乡村儿童的特殊性,而在城乡儿童的比较视角下和农村留守儿童与农村非留守儿童的比较视角下,又具有自己的特殊性。所以,我们首先需要厘清儿童社会化以及农村留守儿童社会化的相关理论脉络与经验研究;其次,在对国内外媒介对儿童影响的理论综述与结论述评下,结合当前中国的媒介环境,探讨新媒介技术环境下传媒对儿童以及农村留守儿童社会化影响的研究现状与存在的问题。

---

① 依据国际《儿童权利公约》,儿童系指 18 岁以下的任何人,除非对其适用之法律规定成年年龄低于 18 岁。根据大多数心理学家的看法,狭义的儿童期是 0 到 12 岁,广义的儿童期是 0 到 18 岁,儿童期终结的实际年龄并不具有绝对的意义。在此,笔者采用了 0 到 18 岁的年龄限定,但是同时考虑到儿童社会心理发展的年龄特征以及调查研究的便利性,本文的儿童主要指 18 岁以下的未成年人,但是考察范围界定在 6 到 18 岁,并划分为两个年龄段,即 6 到 11 岁,12 岁到 18 岁,并分别予以考察。这两个年龄段的儿童在国内的研究中常被冠之以未成年人、儿童、青少年等称呼,在下文中如果出现这些名词,不再予以解释。

第二章　制度与结构变迁下的农村
留守儿童社会化
——媒介的进路

　　农村留守儿童是中国社会急剧变迁的背景下，社会结构和家庭结构发生裂变的情况下产生的一个特有的社会群体。儿童媒介经验在现代生活中无法与其他文化实践活动相抽离，媒介的影响总是与其他社会文化因素交织在一起。考察媒介对农村留守儿童的社会化影响，既要最大限度地厘清媒介的影响因素，又要结合农村留守儿童所处的制度环境、所拥有的资源现状，勾勒出农村留守儿童的生存图景，同时，结合儿童社会心理发展的一般特征，以媒介为切入点来解析其社会性成长的路径。

第一节　农村留守儿童社会心理
发展的一般性特征：
发展心理学的视角

　　如前文所述，本研究对于留守儿童的年龄界定是 18 周岁以下的未成年人。同时为了调查的可行性和便利性，把研究对象的年

第三章　农村留守儿童的媒介认知模式

——以电视为例

　　在电视对儿童的影响或者效果研究中,无数的研究事实表明,观看电视已成为儿童社会化的机构之一,与家庭、学校并驾齐驱,共同建塑着儿童的世界观。综观这些研究的思路,正如台湾学者吴翠珍所言:大都从宏观角度,假设电视内容与儿童观后立即对应行为有相当程度的关联性;或者截断传播链的两端,只就电视文本加以分析归类,辅以儿童电视观看时间,或节目类型偏好,便据以概判。另一端,则依据使用与满足的论点,检视儿童电视观看的动机或人格特质,反向推论儿童的心理变项与其电视内容需求的互动关系。对于这些"效果"产生的前提——儿童究竟如何处理电视信息,则缺乏探究与阐述①。英国学者 Hall 也曾指出,任何传播信息在能被认定为"有效果",被"使用",获致"满足",甚或被储存而后再被检索应用之前,应经由接收者对信息有意义解读后,方能产生。也就是说,儿童并不是被动的收看者,他们自有一套意义建

---

　　① 吴翠珍:《儿童之电视释义基模初探》,《新闻学研究》,1995 年第 48 期,第 1—41 页。

第四章　媒介对农村留守儿童的社会化影响

第一节　媒介对农村留守儿童的社会化影响：研究设计和基本假设

如前文所述，在目前所检索到的文献中，探讨大众媒介与儿童的研究以及专门探讨农村留守儿童社会化的研究都较多，并出现了许多富有启示意义和经验性研究的结论，这些研究为本研究提供了坚实的基础。但是从文献资料上来说，关于大众媒介与儿童的研究，也只有很少的研究专门提到了农村儿童，其中，专门针对农村留守儿童的研究就更少了。现有文献有浙江传媒学院课题组的《大众传播对农村青少年世界观的正面影响》；陆琳琳、李远煦、梁晓青等人的硕士论文《电视对农村儿童社会化的影响》《电视媒介对农村留守儿童的社会化影响》《广告对农村青少年的社会化影响》、胡翼青的《电视与留守儿童人际交往模式的建构——以金寨燕子河镇为例》等。这些研究通过实证调查，在掌握一手资料的基础上，分析了电视、广告等对农村青少年的道德社会化、社会交

结语——谁来伴我成长？

纵观以上研究结果，本书要得出的结论和探讨的问题如下。

1. 在媒介接触和社会化状况上，不同年龄段的留守儿童有一定的差异，但是，分别与同年龄段的非留守儿童相比较，基本上没有太大的差异。尽管如此，我们发现有一些细微的影响因素也不可忽视。在传统大众媒介中，电视和课外书的媒介接触是两个年龄段的留守儿童接触率都比较高且名列前两位的媒介。但是在内容偏好上存在差异，留守青少年虽然也喜爱电视剧、综艺娱乐节目，但是同时他们也开始关注新闻节目，留守儿童还基本上把电视作为休闲娱乐的主要工具，内容偏好也基本集中在娱乐类的节目上。在要求他们填写出自己最喜爱的课外书名称时，通过比较发现，高年龄段的留守儿童的阅读面比低龄留守儿童要广泛得多，很多人已经开始阅读《红楼梦》、《三国演义》等古典名著，同时还有一些经典的童话，如《格林童话》等，而低龄的儿童主要还集中在一些漫画书和神话传奇类的书籍上。王秋香在她的一项针对留守儿童的调查中也有类似的发现，即电视和课外书成为农村留守儿童接触率最高、影响最大的传统媒介。这两类媒介对留守儿童社会化的影响力在今后的研究中还需要进一步深入。

2. 关于新媒体，此次研究主要考察的是互联网和手机。留守

主要参考文献

1. 卜卫：《大众媒介对儿童的影响》，新华出版社，2002 年版。

2. 张国良：《中国发展传播学》，浙江大学出版社，2010 年版。

3. 郭建斌：《独乡电视：现代传媒与少数民族乡村日常生活》，山东人民出版社，2005 年版。

4. 叶敬忠：《关注留守儿童：中国中西部农村地区劳动力外出务工对留守儿童的影响》，社会科学文献出版社，2005 年版。

5. 王露露：《乡土伦理》，人民出版社，2008 年版。

6. 尹鸿、黄会林主编：《当代中国大众文化研究》，北京师范大学，1998 年版。

7. 陆学艺主编：《当代中国社会地位阶层研究报告》，社会科学文献出版社，2002 版。

8. 刘金花主编：《儿童发展心理学》，华东师范大学出版社，1997 年版。

9. 杨雄、姚佩宽等著：《青春与性：1989—1999，中国城市青少年的性意识与性行为》，上海人民出版社，2002 年版。

10. 陈舒平：《儿童电视学》，北京广播学院出版社，2003 年版。

11. 张令振：《电视与儿童》，人民教育出版社，1998 年版。

附录一 《电视认知模式量表》

1 电视广告中所出现的赠品和真的赠品一样 1□是 2□不是
  大小 3□不知道

2 大多数电视新闻内容出现的顺序是经过刻 1□是 2□不是
  意安排的 3□不知道

3 电视台可能会因为某些原因而改变原来已 1□是 2□不是
  经拍好的内容 3□不知道

4 歌星上电视节目时,对问题的回答都是临场 1□是 2□不是
  表现的 3□不知道

5 我们所看到的电视剧的节目内容都是真实 1□是 2□不是
  发生的事情 3□不知道

6 电视广告要花很多钱,但是这些钱都是商家 1□是 2□不是
  出的,我们花的钱只是买产品,并没有负担 3□不知道
  广告费用

7 电视新闻中每一个出现的画面都是当天拍 1□是 2□不是
  回来的 3□不知道

8 电视剧情都是靠画面来连接,音乐或音效一 1□是 2□不是
  点都不重要,只是随便安排上去的 3□不知道

附录二 《媒介对农村留守儿童的
社会化影响》调查问卷一

亲爱的同学：

　　您好！本调查目的是了解大众媒介对当代儿童和青少年的影响，为此，要占有您的一些宝贵时间，相信能得到您的理解和支持。您的个人资料绝不对外公布，希望大家能够如实填写。在填写问卷时，请注意下列事项：

　　1. 这不是考试，答案没有对和错之分，你只要按照你的实际情况回答就可以。

　　2. 其中一些问题是多项选择题，你可以选择多个答案，如果备选答案中没有，请你选择最后一项并填写出。

　　3. 第38题包括两个问题。

衷心谢谢您的合作！

第一部分　媒介接触行为

1　你家里有以下物品吗？如果有，请划"√"。

黑白电视机	彩色电视机	VCD或DVD	电话	电子游戏机	电脑	收音机	数码相机	DV或摄像机

附录三 《媒介对农村留守儿童的社会化影响》调查问卷二

亲爱的同学：

　　您好！本调查目的是了解大众媒介对儿童的影响，为此，要占用您的一些宝贵时间，相信能得到您的理解和支持。您的个人资料绝不对外公布。在填写问卷时，请注意下列事项：

　　1. 这不是考试，答案没有对和错之分，你只要按照你的实际情况回答就可以。

　　2. 其中一些问题是多项选择题，你可以选择多个答案，如果备选答案中没有，请你选择最后一项并填写出。

　　　　　　　　　　　　　　　　　　衷心谢谢您的合作！

第一部分　媒介接触行为

一　你家里有以下物品吗？如果有，请划"√"。

电视机	VCD 或 DVD	电话	电子游戏机	电脑	收音机	数码相机	DV 或摄像机

　　二　你接触以下媒介的频率，请在符合你情况的方框中划"√"。

附录四　访谈提纲

留守儿童访谈提纲

_____县 _____乡 _____村　　儿童姓名：　年龄：　性别：
_____学校 ___年级_____班　调查员：　调查日期：

访谈要领：根据问卷中的下列问题启发访谈对象叙述相关的具体事例，并尽量按照原话记录下来（录音）。尽量选择发生时间较近的事例，注意区别开父母在身边的事例和外出务工后的事例。

一、媒介接触情况

1. 你平常闲暇时间主要进行哪些活动（如果涉及到媒体使用，请进一步提问：接触的时间、内容、主要活动、给你带来什么感受，原因、对受访者有什么样的影响、是否把某些节目或者内容作为情感的寄托、倾诉的对象、家长对你行为的态度？平时和同伴谈论这些内容的情况）？

2. 在父母出去打工前后对媒介的接触有什么变化吗？

3. 你比较喜欢的广告或者广告词？为什么？

4. 你喜欢看选秀节目吗？如何评价？你是否梦想过一夜成名？

5. 你喜欢的影视明星？为什么？

后　记

　　本书是我作为项目负责人所主持的课题,即霍英东教育基金会第十一届高等院校青年教师基金(优选资助课题)资助项目《媒介使用对农村"留守儿童"的社会化影响》(项目编号 111094),教育部人文社会科学研究青年项目《电视对农村留守儿童的社会化影响》(项目编号 08JC860006)和上海市教委创新科研项目《农村留守儿童的电视认知模式及其社会化影响》(项目编号 09ZS73)的最终成果,感谢霍英东基金会、教育部和上海市教委所提供的资金支持,使课题组得以有条件深入到农村地区展开实地调查。

　　感谢上海社会科学院青少年发展研究所所长杨雄对整个课题构架所提供的学术指导,感谢上海社会科学院的雷开春博士就问卷设计提供的建议和指导,感谢同门禹卫华在调查中提供的帮助,感谢课题组成员赵士林、邓惟佳、刘佳付出的辛勤劳动,感谢我的硕士研究生郝燕燕、孙丹、蔡琳琳的鼎力协助,感谢我的同事杨敏提供的无私帮助,感谢上海外国语大学新闻传播学院学生仁青提供的帮助,更感谢责任编辑胡小波老师。

王玲宁

2012 年 7 月

第一章　媒介与儿童的社会化

　　探讨媒介对农村留守儿童①社会化的影响,实际也属于媒介对儿童的影响或者效果研究下的一个细分研究。因为研究的对象是农村留守儿童的同时也是农村儿童,属于儿童这一范畴。所以,他们具有一般儿童所特有的社会心理发展特征的普遍性,同时也具有农村儿童的普遍性特征以及乡村儿童的特殊性,而在城乡儿童的比较视角下和农村留守儿童与农村非留守儿童的比较视角下,又具有自己的特殊性。所以,我们首先需要厘清儿童社会化以及农村留守儿童社会化的相关理论脉络与经验研究;其次,在对国内外媒介对儿童影响的理论综述与结论述评下,结合当前中国的媒介环境,探讨新媒介技术环境下传媒对儿童以及农村留守儿童社会化影响的研究现状与存在的问题。

---

　　① 依据国际《儿童权利公约》,儿童系指18岁以下的任何人,除非对其适用之法律规定成年年龄低于18岁。根据大多数心理学家的看法,狭义的儿童期是0到12岁,广义的儿童期是0到18岁,儿童期终结的实际年龄并不具有绝对的意义。在此,笔者采用了0到18岁的年龄限定,但是同时考虑到儿童社会心理发展的年龄特征以及调查研究的便利性,本文的儿童主要指18岁以下的未成年人,但是考察范围界定在6到18岁,并划分为两个年龄段,即6到11岁,12岁到18岁,并分别予以考察。这两个年龄段的儿童在国内的研究中常被冠之以未成年人、儿童、青少年等称呼,在下文中如果出现这些名词,不再予以解释。

第一节　儿童社会化的理论分析

一、儿童社会化的相关理论

（一）儿童社会化的理论学说

人的社会化问题是社会学、心理学和人类学的共同研究对象①，所以，关于儿童社会化的理论学说，不同的学者从不同的学科视角出发进行了界说。概括起来，有以下几类：

1. 心理分析理论

以奥地利心理学家 S·弗洛伊德为代表精神分析学派认为，人生下来就有对社会生活起破坏作用的冲动性或内驱力，社会化的目标就在于"驯服冲动"，并将它纳入社会可接受的轨道。他提出的"本我"（Id）、"自我"（Ego）、"超我"（Superego）的学说，成为上述思想的理论基础。弗洛伊德认为，本我是遗传下来的本能冲动，是满足个人肉体和感情需要的内驱力，它不受任何约束；自我是本我的对立面，它调节本我，使人学会以社会认可的方式来满足自己的需要；超我则是在与环境交往中，把社会认可的行为与价值准则内化，使个体自觉地遵守社会规范，人达到"超我"境界的过程就是社会化的过程。有些儿童社会学研究者就用这种理论来说明儿童的发展成长，认为儿童也是按"本我"、"自我"、"超我"的过程来实现社会化的②。

新精神分析学派埃里克森在继承发展弗洛伊德的理论原则下，提出了人的心理发展社会阶段论。他认为，人除了具有性的冲

---

① 朱智贤：《皮亚杰儿童思惟心理学评介》，北京师范大学学报（社会科学版），1980 年第 1 期，第 6—11 页。
② 薛素珍、柳林：《儿童社会学》，山东人民出版社，1984 年。

动外,在生长过程中还有一种注意外界与外界相互作用的需要,而个人的健全人格正是在与环境的相互作用中形成的。他将人格发展历程分为了 8 个阶段,每个阶段都包括一个在于环境相互作用中产生的特殊矛盾。如果每个阶段都能保持积极品质发展,就会逐步实现健全人格,否则就会产生心理社会危机,出现情绪障碍,形成不健全的人格[①]。

新行为主义心理学家班杜拉提出的社会学习理论,被西方心理学界誉为"人格形成的基础理论"。社会学习理论强调个人认知、环境和行为的交互作用,三者交互作用,才能实现人的社会化。人的习得活动,多数是在社会交往中通过对榜样人物示范行为的观察、模仿而完成的。榜样的特征不同,人们的行为特征也不同。在榜样的影响下,人适应社会环境的行为模式得以建立,进而形成人的个性,实现人的社会化。儿童的社会行为并不是以"强化惩罚"的方式学到的,而是通过以强化为中介的直接学习与模仿而获得的。社会学习理论强调学习的重要性,否认先天因素对社会化的影响,并把人的发展看成是消极地接受教育的过程。社会学习理论认为儿童社会行为,如对他人的信任、对自己的攻击和冲动的抑制、道德行为以及性别化行为等不是性本能发展的产物,而是直接学习、模仿和强化的结果[②]。

发展心理学的皮亚杰(Piegier)认为儿童的认知发展即认识和感知事物能力的增长就是社会化。皮亚杰认为个体从出生至儿童期结束,其认知发展要经过 4 个时期:(1) 感知运动阶段(出生至 2 岁),个体靠感觉与动作认识世界;(2) 前运算阶段(2 至 7 岁),个体开始运用简单的语言符号从事思考,具有表象思维能力,但缺乏可逆性;(3) 具体运算阶段(7 至十一二岁),出现了逻辑思维和

---

① 林崇德:《发展心理学》,浙江教育出版社,2008 年。
② 薛素珍、柳林:《儿童社会学》,山东人民出版社,1984 年。

零散的可逆运算,但一般只能对具体事物或形象进行运算;(4) 形式运算阶段(十一二至十四五岁),能在头脑中把形式和内容分开,使思维超出所感知的具体事物或形象,进行抽象的逻辑思维和命题运算。皮亚杰的儿童交往的社会认知理论,强调了儿童发展是社会互动和经验的结果,儿童社会化过程中具有主动作用和主观认识,强调个体每个发展阶段的连续性和相互依赖性[①]。

2. 结构功能理论

代表人物是美国社会学家 T·帕森斯。20 世纪 40 年代,社会学家强调社会对人的作用,认为社会化是一种内化模式,即个人将社会行为准则化为自己的价值准则。在此基础上,S·萨金特于1950 年开始把角色概念与社会化联系起来,认为社会化的本质就是角色承担,把社会化视为内化、社会学习、角色学习和获得价值标准的"混合体",是使人受到充分社会制约的"手段"。T·帕森斯提出了新的观点,认为不必将人性陶冶得完全符合社会的要求,只需让人们知道特定角色的要求,成为能在社会中发挥作用的人就可以了。但他强调指出,只有社会角色各司其职,社会才能存在和维持。他吸收心理分析理论、文化人类学理论以及心理学和行为主义的研究成果,建立他的社会化模式。认为当儿童的社会行为同社会体系联为一体的时候,两者才能协调一致[②]。

3. 文化人类学

着重研究文化与个性的相互关系。代表人物是美国人类学家M·米德、A·卡迪涅尔、C·杜波依斯、J·W·M·怀廷、I·L·蔡尔德等人,他们试图证实社会的结构、活动、观念、教育实践等对儿童发展的影响,并要证明这些因素对儿童个性的形成也具有极大的影响。M·米德认为抚养儿童的过程实际上就是把文化传授

---

① 林崇德:《发展心理学》,浙江教育出版社,2008 年。
② 陈录生(2008):《西方社会化理论和中国人的社会化》,《中州学刊》,1997 年第4 期,第 52—55 页。

给儿童的过程,不同社会的人所以有不同的个性,是由于他们接受了不同文化的缘故。怀廷和蔡尔德列举了 75 种文化要素,并从中探索对儿童早期的教养实践同由此形成的行为特征之间的相互关系,力图证明文化对个性形成的影响。

他们认为"在社会背景和文化背景中研究儿童的社会化已经颇有先例,但这些先期研究总是假设儿童社会化的背景是永恒不变的社会生态环境,儿童是在适应环境过程中社会化的。社会化研究的解释主义视角的一个核心特征是强调儿童与他人交流和协商的重要性,儿童不仅仅是自身社会化的参与者,而且在社会化过程中可以促进文化的生产和再生产"①。

综观以上儿童社会化的研究流派,它们都是把人格和自我的发展看作是每个人都必须经历的一系列阶段,肯定了家庭、学校、同辈群体、社会化机制、自我等社会化主体对个体社会化做出的重要贡献,如弗洛伊德强调生物因素对人格塑造的影响,帕森斯、米德等强调社会化机制和他人等因素对个体社会化的影响,这为本文的社会化研究提供了理论基础。

由以上理论视角出发,学者们对儿童社会化的概念进行了界说。

发展心理学的创始人皮亚杰认为:社会化就是一个"结构化"的过程,青少年对社会化所做出的贡献正如他从社会化所得到的同样多,从那时便产生了"运算"和"协同运算"的相互依赖和共同性。法国教育学家涂尔干(Emile Durkheim)认为教育中的个体社会化,就是指儿童的身体、智力和道德状况都得到激励与发展,以适应整个政治社会在总体上对儿童的要求,适应儿童将来所处的特定环境的要求。心理学的特质论者 Fishbein&Ajzen、Gibson、Kohlberg 认为,儿童社会性的心理结构中,起最重要作用的特质

---

① 闫引堂:《西方社会化学新拓展》(硕士论文),华东师范大学,2003 年。

因素有 4 个：信念、情绪、态度和价值观。发展心理学家缪森(P·H·Mussen)指出，社会化是儿童学习他们的文化或社会中的标准、价值和所期望的行为的过程，包括社会性情绪、对父母亲人的依恋、气质、道德感和道德标准、自我意识、性别角色、亲善行为、对自我和攻击性的控制、同伴关系等。发展心理学家 DavidR·Shaffer 提出，社会化是儿童掌握社会上大多数人认为重要和恰当的信念、角色①。

国内学者王振宇认为，儿童社会化是指儿童在一定的社会条件(包括社会环境和社会关系)下逐渐独立地掌握社会规范、正确处理人际关系、妥善自制，从而达到适应社会生活的心理发展过程②。周宗奎认为儿童社会化是指儿童在特定的社会与文化环境中，形成适应于该社会与文化的人格，掌握该社会所公认的行为方式③。张先翱认为儿童社会化的目标是使儿童形成完整的自我，完整的自我是角色系统和能力结构的整合④。李逢超认为儿童社会化是指通过教育训练，使儿童能动地接受、掌握社会生活所必需的知识、技能、行为规范，形成社会适应性，从而取得社会资格并发展个性的过程。儿童社会化既要强调儿童的"社会性"，也要强调儿童的"个性"⑤。

尽管众说纷纭，有研究者在综合儿童社会化的各种界定后，总结了儿童社会化的如下基本特性：(1) 遗传素质是儿童社会化的基础；(2) 儿童社会化是通过个体与社会环境相互作用而实现的；(3) 儿童社会化具有共同性与差异性；(4) 社会化贯穿于整个儿童时期，社会化的最终目标是使儿童从自然人成长为社会人；(5) 儿

---

① 李逢超：《儿童社会化双重内涵分析》，河南大学学报(社会科学版)，2008 年第 7 期，第 131—134 页。
② 王振宇：《儿童社会化与教育》，人民教育出版社，2007 年。
③ 周宗奎：《儿童社会化》，湖北少年儿童出版社，1995 年。
④ 张先翱主编：《大众传媒与儿童发展》，中国少年儿童出版社，2007 年。
⑤ 李逢超：《儿童社会化双重内涵分析》，河南大学学报(社会科学版)，2008 年第 7 期。

童社会化的内容是多方面的,包括学习社会知识、掌握社会规范、内化价值观、发展自我、获得个性等多个方面①。

（二）儿童社会化的内容和测量

从以上的文献分析中可知,关于社会化的概念众说纷纭,各有所指。所以,具体到实际的测量变项时,不同的研究对社会化的内容也有不同的取舍。对于儿童社会化的内容和具体的测量指标有代表性的研究有：

李逢超认为儿童社会化的内容是多方面的,包括学习社会知识、掌握社会规范、内化价值观、发展自我、获得个性等多个方面。第一,儿童必须学习适当的行为表现,即这种行为表现必须是社会认可的、符合行为规范的;第二,儿童必须学习扮演其社会角色,学习其角色的职责,如男学生的角色、儿女的角色以及团体成员的角色;第三,儿童必须逐步发展自我概念,达到能发挥行为自我调节与定向的作用,使自己的行为不但受外部社会力量的引导,而且受自我的引导和调控,即儿童能够"倾听自己内部的声音";第四,儿童必须发展其社会态度,使其能与他人建立良好的关系,能适应不断变化的社会环境②。

周宗奎进一步概括了社会化发展的内容,大致包括以下4个方面：（1）获得文化价值与社会规范;（2）使个人追求的目标与社会的要求相一致;（3）掌握个人取得社会成员资格和追求目标所必需的技能;（4）学会认同身份和在每一场合下自己所处的角色③。

童矫胜则针对人的不同年龄阶段,重点分析了每一阶段社会化任务的内容特征。他认为,在社会化过程中,不同的社会化内容有各自发展的关键期。例如,婴儿期是社会化过程中语言发展的

①　李逢超：《儿童社会化双重内涵分析》,河南大学学报（社会科学版）,2008年第7期,第131—134页。
②　同①。
③　周宗奎：《儿童社会化》,湖北少儿出版社,1995年。

关键期,幼儿期是社会化过程中智力发展和个性形成的关键期,童年期是社会化过程中培养学习品质和道德品质的关键期,少年期是社会化过程中自我意识发展的关键期,青年初期是社会化发展过程中价值观、人生观形成的关键期①。

陈会昌在借鉴和吸收国内外儿童社会性发展研究成果上,编制了一个适用于 3 到 9 岁儿童、以家长对其子女的评价为依据的儿童社会性发展量表。分析出儿童社会性发展的 9 个维度即社会性的情绪和情感、社会认知、社会适应能力、遵守生活常规和社会规则、遵守道德规则和准则情况、同伴关系、自我控制能力和意志品质、独立性、自我意识和自我教育②。

风笑天在有关城市独生子女社会化的研究中,认为社会化结果是个人基本的社会化过程特征的形成、价值观念的内化、生活目标的确立、社会角色的认同等方面的发展程度,他把社会化的理论操作为性格与行为特征、生活技能、社会规范、角色认同、社会交往、生活目标和自我意识等方面③。这一使用产生了广泛影响,为后来的很多研究所引用。

(三)儿童社会化的影响因素研究

从社会心理学的角度,对个体早期社会化因素的分析主要集中在家庭、学校、社会和大众传媒等。阎立在《当代社会心理学》一书中论述了以上因素的作用④。

家庭是社会基本结构单元,是人出生后“早期社会化”的最初场所,各种社会关系都可以通过家庭这个中介影响到儿童。人的儿童时期在生理和心理上对家庭有强烈的依赖,此时父母对儿童

---

① 童矫胜:《人的社会化过程的关键期》,《湖北师范学院学报》(哲学社会科学版),2002 年第 22 卷第 2 期。
② 陈会昌:《心理发展与教育》,1994 年第 4 期,第 52—63 页。
③ 风笑天:《独生子女青少年的社会化过程及其结果》,《中国社会科学》,2000 年第 6 期。
④ 阎立:《当代社会心理学》,华东师范大学出版社,2009 年。

的权威和支配作用非常大。和谐、民主的家庭中长大的孩子,往往容易形成自尊、友善、健康的心理与行为模式。而自私、褊狭、暴力倾向的父母往往容易使孩子产生敌视、冷漠乃至反社会的人格特点,在这样的家庭环境中长大的孩子,其在社会化的过程中要克服的不良心理和行为阻碍就要比一般人大得多。家庭和父母是儿童早期社会化的关键影响因素。儿童时期智力水平、个性特征、社会品质的形成和发展对后来的社会化都会有着深刻的影响,以至于有的心理学家认为,童年时期的经历会影响人的一生。

除了家庭以外,早期社会化的另一个重要场所是学校。学校是人进行"系统社会化"的场所。在学校,人系统地接受文明和文化教育,系统地接受社会生活所需要的各种知识、技能、观念、规范、思想和文化,学会并形成社会认可的心理与行为模式。

从广义上说,家庭和学校都是社会的有机组成部分。除了家庭和学校这两个社会化的重要场所之外,社会也是影响青少年社会化进程的重要场所,而且是最大的场所。在社会这个大环境中,各种价值观、行为方式和社会现象对人的发展产生着不可忽视的影响。尤其进入信息时代之后,大众媒体和互联网对人的影响越来越大。

发展心理学把儿童青少年时期的社会化的发展背景看作一个生态环境,有儿童与当前环境关系的微观系统,有涉及儿童与当前背景之间联系的中间系统,还有广泛文化意识形态的宏观系统,这些嵌套的系统都存在于历时系统中,人和环境都会随着时间变化。而对儿童青少年社会化影响比较突出的因素是中间系统中的父母、同伴和学校,外层系统水平上,则是以电视和电脑为主的大众传媒。

发展心理学的大量研究成果也表明,父母教养方式与子女的心理、行为、成就之间有着密切的联系。关爱、有回应的教养方式总是与稳定安全的情感依恋、亲社会倾向、良好的同伴关系、较高的自尊、强烈的道德感以及其他一些积极的发展结果相联系。不同教养方式的家庭对儿童的影响也不相同。学校是除家庭之外对儿童的发展影响最大的正式机构。除了给儿童提供认知和学习任务外,学校还给儿童提供一些非正式课程:教儿童遵守规章制度、与同学合作、尊敬权威、做好公民等等。因此,学校是儿童社会化的动因,学校不仅教授知识,帮助儿童为日后的工作和经济独立做好准备,还会影响儿童的社会性和情绪发展。

同伴对儿童和青少年的发展起到了与父母同样重要、甚至更重要的作用。童年时代的两个世界,一个是成人与儿童相互作用的世界;一个是同伴世界。与同父母的交往相比,同伴之间的交往很重要。父母与儿童的互动是不对等的:因为父母比孩子拥有更多的权力,儿童必须遵从成人的权威,居于从属地位,相比之下,同伴则具有同等地位和权力,可以学会理解彼此的观点,互相协商。妥协和合作,有助于儿童社会能力的发展。

关于电视和电脑等大众媒介对儿童青少年社会化的影响比较复杂。电视对儿童的有益影响是可以提高他们的认知能力,培养亲社会行为等。对于电视的有害影响,比较多的被提及的是电视的刻板印象和暴力、色情等内容对儿童青少年的影响。对于电脑,主要是色情问题、网上交往方式对社会性发展的不良影响,但是对于学业、自我认同等则有积极的一面[1]。

以暴力内容为例,以美国为主的西方国家曾进行过浩如烟海的研究。自 20 世纪 60 年代以降,关于媒介暴力的效果研究已经走向成熟,尤其是行为效果研究即接触电视暴力内容与侵略性行为之间的正相关或因果关系为无数的研究所证实,当然也包括大量的对儿童和青少年的影响,并为大部分的研究人员所认同。研

---

[1] [美] David R · Shaffer &Katherine Kipp:《发展心理学—儿童与青少年》第 8 版,邹泓译,中国轻工业出版社,2009 年。

究也比较多样,既有对媒介暴力短期效果的研究,也有长期效果的研究。20 世纪 90 年代以来,着重分析电视以什么样的方式描述暴力;今天的电视是在激励还是批判暴力;电视会使观众变得麻木或者恐惧的趋势上升了吗? 总的说来,研究可以归纳为 3 个领域:电视暴力内容与侵略性行为之间的关系;从个人心理特质角度,探讨媒介呈现的暴力内容与实际生活中的暴力行为之间的关系;对电视暴力内容进行分析,探讨它对观众与组织(例如家庭)的影响。

国内的研究也表明,媒介内容偏好的涵化效果显著,对青少年的社会现实认知、暴力赞成程度和人际信任度等主观现实的建构有一定的影响:偏好暴力节目的青少年对社会暴力犯罪的认知更偏向他们喜爱的媒介所描绘的现实;暴力赞成程度高于不喜爱暴力节目的青少年,人际信任度则低于不喜爱暴力节目的青少年。其中,警匪片和港台剧的影响最显著[1]。

在儿童社会化的影响因素研究中,国内的诸多研究也都证实,家庭、学校、同辈群体以及大众媒介尤其是电视、电脑等是儿童社会化的重要影响因素。诚如风笑天所言,人的社会化过程受着家庭、学校、同辈群体、大众传媒等主要的社会化因素(也有称社会化机构或社会化动力)的影响,正是这些使人实现社会化的制度或结构性环境将社会的文化灌输给青少年,使青少年在其作用下逐步成为合格的社会成员。他在对 20 多年来国内有关青少年社会化问题的文献进行了系统回顾后,归纳了学者们对不同社会化因素的分析[2]。

彭渝等通过分析当代中国家庭结构的变化,认为这种家庭结构的核心化,带来了家庭的高质量化,以及对子女身心营养的高投入化,使当代青少年不仅在生理上早熟,而且心理上也早熟,生理、心理社会需求都趋向超前;同时,由于家庭功能的简单化,使得家

---

① 王玲宁:《社会学视野下的媒介暴力效果研究》,学林出版社,2009 年。
② 风笑天:《青少年社会化:理论探讨与经验研究述评》,《青年研究》,2005 年第 3 期。

庭中情感功能突出,亲情富足,又使部分孩子亲情过剩,出现所谓的“小皇帝”和“家庭特权者”;而家庭关系的平权化,虽然有利于子女个性的发展,但如果掌握失度,把民主变成了放任,也会造成子女的个性失常,甚至发生社会化同一性危机①。

姚本先、宋广文等探讨了家庭诸要素如家庭结构及类型、家庭教养方式、家庭交往、家庭结构、家庭生活及心理气氛、家庭的教育方式及教育态度、家长的职业及对子女的期望、儿童在家庭中所扮演的角色对儿童社会化发展的作用和影响。作者指出,不同家庭的不同政治经济地位通过衣食住行和父母的言传身教,会对儿童产生影响,使之形成不同的态度、行为方式、理想和价值观②。

肖计划从社会心理学角度论述了学校教育在青少年社会化过程中担负的责任和作用。作者认为,在儿童进入学校后的10多年时间里,学校生活将成为其社会化过程中最重要的组成部分。学校在个人社会化过程中担负着传授社会生活知识、传授行为规范、灌输价值观念、培养理想目标等职责。个人的社会化发展趋向一般遵循3个规律:社会化方式由灌输到自选,社会化过程由外在到内化,社会化内容由简单到复杂。学校教育在个体社会化过程中自始至终都应该体现这3个规律③。

王新霞则分析了同辈群体对儿童、中学生社会化的影响。作者指出,友伴群体成员的年龄结构相仿,在社会化过程中既是施化者又是受化者,它为中学生的社会化提供了一种文化上的连续性,提供了最初的比较正式的角色承担的机会,同时,为中

① 彭渝等:《当代中国家庭结构的变化及子女的社会化环境》,《社会科学研究》,1994年第6期。
② 姚本先等:《家庭因素对儿童社会化发展影响的研究综述》,《心理发展与教育》,1994年第2期;宋广文等:《家庭教养方式、家庭交往、家庭结构与儿童社会化》,《当代青年研究》,1998年第4期。
③ 肖计划:《论学校教育与青少年社会化》,《暨南学报》(哲学社会科学版),1996年第18卷第4期。

学生开辟了一个人际交往的新世界,友伴群体是中学生社会化的"排练场"①。

与中国社会的急剧变迁相伴随的是,这些社会化因素也发生了巨大改变,这种改变对儿童社会化的影响也表现出与以往不同的特征。除了上述的家庭、学校、同辈群体等因素的影响,越来越多的学者意识到大众媒介在儿童社会化过程中所发挥的重要作用。

周燕、余文惠通过对近15年来大众传媒对儿童社会化影响研究成果的总结发现,大众传媒对儿童社会化影响的研究成为我国学界的热点问题,并呈现出一些新的特点:(1)大众传媒作为儿童社会化的一个重要承担者,其内涵被进一步明确,外延得以拓展,但电视仍然是被关注最多的大众媒介。(2)对于社会化的承受者——儿童,研究者已开始关注不同社会经济文化背景之下儿童媒介接触及其影响的比较研究,但盲聋哑等特殊儿童的媒介权利尚未被涉及。儿童在大众传媒中的主体地位开始受到关注。(3)大众传媒影响儿童社会化内容的研究,以道德社会化问题居多,媒介对儿童性别角色社会化的影响开始受到关注②。

传媒作为青少年社会化的一个重要途径,所发挥的作用以及与其他社会化因素之间的互动关系,也处于不断的变动之中。尤其是新媒体技术的发展,传统的现实社会与虚拟的网络社会的互相交错,甚至改变了社会化的范式。许传新、许若兰对近10年来网络与青少年社会化研究进行了归纳述评,对网络这一社会化因素进行了理论探讨和经验研究的总结,对网络社会化范式、网络对青少年积极影响与消极影响、网络与青少年政治社会化、网络与青少年道德社会化等5个主要的研究领域进行了概括③。

---

① 王新霞:《中学生社会化的排练场—友伴群体》,《教育科学》,1999年第2期。
② 周燕、余文惠:《近十五年国内大众传媒影响儿童社会化研究综述》,广州大学学报(社会科学版),2007年9月第6卷第9期。
③ 许传新、许若兰:《近十年网络与青少年社会化研究述评》,辽宁师范大学学报(社会科学版),2007年第6期。

二、农村留守儿童的社会化问题研究

农村留守儿童,是中国在急剧的社会变迁过程中,社会结构和家庭结构发生变化的背景下所形成的一个独特群体。如谭深所言,新生代农民工这个庞大群体的生存和成长状况,对于今后几十年中国的社会、政治、经济状况,有着直接和深远的影响。从儿童权利角度看,则这个群体无论是进城的还是在乡的,都处于多种不利的结构之中,面临着教育、心理、健康等诸多的问题。比较流动儿童,在乡的留守儿童由于父母(或其中一方)不在身边,可能遇到的问题更多①。

纵观农村留守儿童的社会化研究主要包括:对留守儿童的社会化状况进行实证性的描述分析;从留守儿童与非留守儿童对比的比较视角对留守儿童的心理、教育、情绪、品行以及社会适应等方面进行归纳概括;从社会化的影响因素如家庭、学校、同辈群体、大众媒介以及社会与社区的角度出发,研究留守儿童在学业、思想、道德、情感、个性、心理、价值观、行为习惯等诸多方面的表现及存在的问题。在对农村留守儿童的社会化状况进行全景式扫描之前,让我们先对留守儿童的概念进行一个界定,然后再对已有农村留守儿童社会化研究的现状和已有的结论进行评述。

那么,何为留守儿童呢? 这涉及到的界定要素有:留守儿童是指父母一方或双方外出打工而被留在家乡的儿童群体,还是仅仅指父母双方都外出打工的儿童群体? 留守的时间有多长才能被称作留守儿童? 留守儿童的年龄范围是多少? 因为诸多研究已经表明,上述因素对留守儿童各方面的发展影响显著。更为具体的影响因素有,父亲一方外出或者母亲一方外出对儿童的社会成长影响也不同,是否有兄弟姐妹的陪伴,在儿童社会成长上也有

---

① 谭深:《中国农村留守儿童研究述评》,《中国社会科学》,2011 年第 1 期。

差异。

"留守儿童"范围的界定一般认为,"留守儿童"是指父母一方或双方外出打工而被留在家乡,并需要其他人照顾的儿童群体。或者说父母双方或一方外出打工而由祖辈、亲戚、老师或朋友等其他监护人养育的儿童①。在此,笔者也认同这样的范围界定,并做了进一步的补充,即"留守儿童"是指农村地区因父母双方或一方外出打工而由祖辈、亲戚、老师或朋友等其他监护人养育以及个人单独生活或者与兄弟姐妹一起生活的儿童。

关于"留守儿童"的年龄界定,既然是"留守儿童",在年龄问题上,很显然应该是指未成年人,但到底应该是哪个年龄段的儿童,研究者们有不同的看法。有人认为,"留守儿童"应该是 14 周岁以下的儿童②,有人认为是 16 周岁以下的儿童③,也有人认为农村"留守儿童"是指 18 周岁以下的儿童④。另外,吴霓等对"留守儿童"年龄的下限进行了界定,即 6 周岁以下的儿童⑤。对此,笔者的看法是未成年人即 18 周岁以下的未成年人都应该是留守儿童。因为此时的儿童大都还未走向社会,学校和家庭是他们赖以生存成长的主要环境,无论从情感、心理,还是经济上都还依赖家庭的支持。当然,从儿童社会心理发展的角度来看,不同年龄阶段的儿童发展具有鲜明的特点,那么,对于留守儿童来说,其社会化状况以及影响其社会化状况的因素也应该有所差异。所以,在具体的研究中,应该根据其社会心理发展的年龄特征而加以细化的研究。

父母一方或双方外出多长时间才可以算作是"留守儿童"? 这

---

① 周宗奎等:《农村留守儿童心理发展和教育问题》,《北京师范大学学报》,2005年第 1 期;段成荣等:《我国留守儿童状况研究》,《人口研究》,2006 年第 1 期。
② 段成荣等:《我国留守儿童状况研究》,《人口研究》,2006 年第 1 期。
③ 黄小娜:《农村留守儿童——社会不可忽视的弱势群体》,《医学与社会》,2005年第 2 期。
④ 叶敬忠:《关注留守儿童》,社会科学文献出版社,2005 年。
⑤ 吴霓:《农村留守儿童问题调研报告》,《教育研究》,2004 年第 10 期。

个时间是一次连续性的还是可以累加的？这个问题也关系到"留守儿童"概念的界定。叶敬忠在其研究中虽然没有明确多长时间可以算作为"留守儿童"，但在其问卷调查及文章中可以看出，他把父母双方或一方每年外出打工的时间在 4 个月以上作为划分"留守儿童"与非"留守儿童"的标准[①]。而段成荣认为，农村"留守儿童"指的是至少连续半年以上与父母双方或一方没有共同生活的儿童[②]。一项测试发现，父母一方外出打工半年是一个关键时期。该项研究将留守儿童划分为留守 3 个月组和留守半年组，结果发现在农村留守 3 个月的儿童仅仅只在自尊和情绪控制维度上与普通儿童有显著性差异，而留守半年的儿童则在诸多方面与普通儿童存在着显著差异。随着留守时间的增加，留守儿童在各方面的表现有进一步下滑的趋势[③]。另一项测试发现 5 年是一个拐点，留守时间 5 年以上的儿童心理失衡得分显著高于留守时间为 1 年和 2 年、3 年和 4 年的儿童，而后两者之间无显著性差异[④]。对此，本研究并未做详细的划分，而且也对这样的研究结论存疑，原因有二：这样的研究测试只有一次或者几次，这种横剖面而非纵向的研究能够得出确切的结论是需要研究进一步深化的；从个人的生长体验来看，即使是父母的短暂外出有时也会在我们的记忆、心理以及情感上造成深刻的影响，而这种影响可能要等到在我们成年的某个年龄段才会显现，而这种影响会持续多长时间、影响的烙印有多深，现在的研究显然也无法预知。也就是说，现有的资料积累还不足以对此结论确认。鉴于此，本研究在这一点上并无时间长短的限定，只要父母双方或者一方在调查的时刻正在外出的家庭均视为留守儿童家庭。

---

① 叶敬忠：《关注留守儿童》，社会科学文献出版社，2005 年。
② 段成荣等：《我国留守儿童状况研究》，《人口研究》，2006 年第 1 期。
③ 谭深：《中国农村留守儿童研究述评》，《中国社会科学》，2011 年第 1 期。
④ 同③。

所以,综合以上分析,本书对农村留守儿童的界定是指农村地区因父母双方或一方外出打工而由祖辈、亲戚、老师或朋友等其他监护人养育以及个人单独生活或者与兄弟姐妹一起生活的年龄在18 周岁以下的未成年人。

对于"留守儿童"的规模界定,可谓众说纷纭,从 1 000 万到1.3 亿不等。对此,由于无法统一标准,本文只能沿用最妥善的说法,即无论如何,留守儿童规模庞大,并且有进一步扩大的趋势,这也是这个群体之所以引起广泛关注的原因所在。

下面着重评述农村留守儿童社会化研究的结论和研究中存在的问题。

在对农村留守儿童社会化状况的描述与分析中,关注点多集中在对其学习状况、心理健康、人际交往、道德品质和行为等几个方面,研究所得出的结论也有较大的差异。

在一般的印象上,我们认为留守儿童在学习各方面肯定都存在着多种问题。但朱科蓉、李春景等对江西、湖南和河南三省就读初中二年级和小学四年级的 600 余名农村"留守子女"的学习状况进行调查后认为,虽然农村的父母外出对孩子的学习动机、学习过程和学习环境会产生一定的影响,但对孩子的学习成绩并没有什么影响[1]。吴霓等的调查也发现"留守儿童"与非"留守儿童"在学习兴趣上没有显著差异[2]。李庆丰也认为,整体上"留守儿童"与非"留守儿童"在学业行为上没有显著差异[3]。但是有调查显示,在留守儿童内部父母都外出与父母仅一方外出却有着显著的不同。与其他研究的定义不同,该调查从亲子教育角度出发,留守儿童组仅限于双亲都外出的孩子,而单亲外出的因为有父母一方抚

---

[1]　朱科蓉等:《农村留守子女学习状况分析与建议》,《教育科学》,2002 年第 4 期。
[2]　吴霓:《农村留守儿童问题调研报告》,《教育研究》,2004 年第 10 期。
[3]　李庆丰:《留守儿童发展状况专题》,http：//www. cycrc. org/Article. asp?Category＝1&Column＝71&ID＝4181。

育,与双亲抚育的儿童一起被视作亲子教育正常组。调查的结论是:父母均不在身边、不能直接地抚育这些状况确实导致不良的家庭环境,引起或诱发了儿童不良人格因素,不良人格因素表现为或导致了儿童行为问题和学业不良①。

在道德品质和行为上,迟希新认为,"留守儿童"因长期与父母分离,疏于父母在行为上的监管和道德成长的正确引领,在道德观念、道德情感、道德人格以及道德行为等方面都表现出不同程度的偏差,有些"留守儿童"甚至出现严重的过错行为和强烈的反社会倾向②。张艳萍指出,由于父母缺位,农村"留守儿童"道德情感缺失。他们只单向地接受爱,不去施爱,更想不到如何感恩回报,整天得过且过,不思进取,对他人缺乏诚信,片面强调个人利益。依赖性强,对家庭、朋友、邻居、社会冷漠少情,缺乏社会责任感③。范先佐认为"留守儿童"由于父母的缺位,"留守儿童"品行问题十分突出,主要表现为放任自流,不服管教,违反校纪,小偷小摸,看不良录相,同学之间拉帮结派,与社会上的混混搅在一起,抽烟、酗酒、赌博、抢劫等。有些孩子由于失去父母的监管,甚至走上违法犯罪之路。一些无学上、无工打、未成年的"留守儿童"品行问题则更多。在一些地区,这类青少年犯罪案件占到全部案件的40%以上④。

对农村留守儿童心理问题的关注,是留守儿童问题研究的一个重要内容。

那么,农村留守儿童的亲情缺失,是否会对儿童的心理健康造成影响呢? 有调查表明,有55.5%的"留守孩"表现为任性、冷漠、内

① 范方、桑标:《亲子教育缺失与"留守儿童"人格,学绩及行为问题》,《心理科学》,2004年第4期。
② 迟希新:《留守儿童道德成长问题的心理社会分析》,《教师教育研究》,2005年第6期。
③ 张艳萍《农村"留守子女"的教育问题及对策研究》,《当代教育科学》,2005年第13期。
④ 范先佐:《农村"留守儿童"教育面临的问题及对策》,《国家教育行政学院学报》,2005年第7期。

向、孤独,长期与父母分离使他们在生理上与心理上的需要得不到满足,消极情绪一直困扰着孩子,使他们变得自卑、沉默、悲观、孤僻,或表现出任性、暴躁、极端的性格。但谭深通过对留守儿童问题研究的再研究发现,得出这样结论的文章对研究方法的交代很笼统,具体的数据没有论证过程,也不清楚文中"留守孩"指的是父母双方外出还是包括一方外出的儿童①。自然,这样的结论也是存疑的。

此后,有一些研究对问题进行了细分。如王东宇的研究,对于双亲外出的留守儿童做了进一步的细分,发现与父母分离时间越长,留守儿童的心理健康水平越低,各种心理问题越突出;与兄弟姐妹生活在一起的留守儿童,其心理健康状况明显好于没有与兄弟姐妹生活在一起的留守儿童②。而周宗奎等的研究发现,教师对留守儿童的认识与留守儿童的自我知觉之间存在着系统性的差异。学校校长和教师一般认为留守儿童有比较多的心理问题,对他们的一般印象、学习、品行、情绪等方面的评价都较差;而从学生自我报告结果来看,留守儿童的心理问题主要是在人际关系和自信心方面不如父母都在家的儿童,而在孤独感、社交焦虑和学习适应方面与其他儿童没有显著的差异。但研究同时也发现,农村"留守儿童"在父母外出务工后表现出来的心理问题,年龄越小的孩子表现越是突出。尤其是小学生表现明显,还有女生比男生更突出。比较突出的心理问题主要有情绪问题、交往问题和自卑问题等,在人际关系和自信心方面显著地不如父母在家的儿童③。

在人际交往方面,李庆丰对小学及初中阶段的"留守儿童"与非"留守儿童"在社交行为及技能方面进行调查研究及统计分析发现,处于小学四年级的"留守儿童"与非"留守儿童"在"学习行为"、

---

① 谭深:《中国农村留守儿童研究述评》,《中国社会科学》,2011年第1期。
② 王东宇、王丽芬:《影响中学留守孩心理健康的家庭因素》,《心理科学》,2005年第2期。
③ 周宗奎等:《农村留守儿童心理发展与教育问题》,《北京师范大学学报》,2005年第1期。

"交往行为"、"积极参与"、"坚持独立"4个维度上呈现出显著性差异。"留守儿童"与非"留守儿童"相比,交往困难、独立性差、坚持性差、不能积极参与集体活动,特别是在"积极参与"和"坚持独立"2个维度上差异极其显著。也就是说,小学低年级"留守儿童"在社交技能发展水平方面比非"留守儿童"要差。这说明父母外出对低年级儿童的社交行为和技能的负面影响较大。李庆丰在对初二学生的数据进行分析后发现,在社交技能上,留守学生要强于非留守学生。另外,从年级分组统计情况发现,在外出务工人员的子女内,存在着显著的年级差异,初二学生的得分显著高于小学四年级学生的得分,即前者的社交技能要远远好于后者;而对于父母在家的孩子,则社交技能不存在显著的年级差异,从而认为父母外出对小学低年级学生的社交技能存在负面影响①。

黄艳苹等对不同留守类型的儿童的心理状况差异采用心理健康诊断测验(MHT),研究结果发现,留守儿童与曾留守儿童的健康状况较差,并且留守儿童与非留守儿童组差异达到显著水平;在留守儿童中,同辈或者无看护下的留守儿童的健康状况最差,有单亲看护的留守儿童较其他留守类型儿童要好②。

肖富群利用对象为广西阳朔县436名儿童的抽样问卷调查资料,以同龄的非留守儿童为比较对象,从生活能力、人际交往、生活目标、价值观和自我意识5个方面,对留守儿童的社会化状况进行了实证分析。研究发现,留守儿童与非留守儿童总体上没有显著性差异,但"留守"经历在个别社会化指标上给留守儿童带来了较大影响:与非留守儿童相比,留守儿童欠缺与同辈群体和亲戚间的交往;家庭结构观念松散,亲子关系淡化;孤独感较强;缺乏合群

---

① 李庆丰:《留守儿童发展状况专题》,http://www.cycrc.org/Article.asp?Category=1&Column=71&ID=4181。
② 黄艳苹:《不同留守类型儿童心理健康状况比较》,《中国心理卫生杂志》,2007年第10期。

性,初中阶段的留守儿童尤其如此。

从以上的研究结论中可以看出,农村留守儿童的社会化状况确实存在一些问题,但是同时,也不可以用刻板的陈见来先验地认为留守儿童就是问题儿童,因为是留守儿童,所以一定在某些方面存在问题。大量科学、实证的调查研究也表明,对于农村留守儿童的社会化状况的分析,要进行细分,如不同类型留守儿童在社会化状况上也存在着差异,对此,不可一概而论。

对于这些问题的形成原因,很多学者也进行了探讨,因为面对的是留守儿童,所以,被提及的较多因素主要是家庭结构的变化、家庭功能的弱化以及家庭亲情的缺失所带来的影响。

莫艳清认为,对个体早期社会化来说,家庭环境因素对个人的观念、心理和行为习惯会发生潜移默化的深刻影响。例如父母的经济收入、生活方式和文化教导对儿童的行为规范、心理特征、价值观念、生活习惯等都会产生重大影响。其次,家庭环境对个体社会化的意义在于对儿童感情和爱的培养。家庭给予个人感情和爱的体验是最多的。一个人感情能否正常发展,他能否理解爱,既懂得接受别人的爱,也能给予别人爱,这种感情方面的社会化在很大程度上取决于他所处的家庭环境条件。再次,家庭中父母的权威对儿童社会化具有重大影响。一般来说,儿童的生活依赖期都是在家庭环境中度过的。由于儿童在生活上和心理上对父母的依赖,很容易使父母成为儿童心目中全知全能的权威。而父母借助于这种权威形象对子女所进行的社会化指导,是子女所无法抗拒的。家庭环境中权威形象和亲子之间的感情交流,使家庭对个体的心理与观念具有强大的渗透力和塑造力。所以,家庭功能的缺失必然会对留守儿童的成长造成影响①。

---

① 莫艳清:《家庭缺失对农村留守儿童社会化的影响和对策》,内蒙古农业大学学报(社会科学版),2006 年第 1 期。

　　王秋香研究了家庭功能弱化对农村留守儿童社会化的影响,她指出,留守儿童的父母在外务工,父母双方的长期缺位,造成家庭功能弱化,严重影响了留守儿童的社会化,导致留守儿童群体情感冷漠、学业荒废、劳动习惯缺乏,不能形成正确的人生观、价值观。在父母缺位,家庭教育功能弱化,学校功能补位不足的情况下,留守儿童同辈群体社会化功能上升,对留守儿童社会化会产生极为重大的影响,主要是消极的影响,如学业不良、容易加入不良群体以及生活目标的确立和价值观的确立发生偏差等①。严由健、吴信学指出,农村人口大规模地从农村流入城市,传统农村家庭教育功能的变迁,使留守儿童的情感生活出现缺陷等②。刘继强、杜学元认为,留守儿童由于父母长期外出务工,家庭的教育、情感和保护功能弱化影响了留守儿童的初级社会化③。叶敬忠等通过对我国中西部地区的 10 个农村社区的留守儿童的研究,发现父母外出务工对留守儿童的情感生活产生影响,不利于留守儿童的心理和性格的成长④。亲子教育缺失、家庭环境恶化和亲密度降低导致留守儿童的心理问题;监护人对留守儿童关注过少导致的学习问题;家庭教育的弱化和缺乏思想观念、价值观念的教育导致留守儿童价值观和人生观的偏离;家庭环境的不完整和家庭社会行为规范教育的缺乏导致留守儿童越轨与犯罪现象严重;监护丧失导致留守儿童的权益保护和安全问题⑤。

　　上述显然讨论的都是留守儿童因为父母的远离而带来家庭缺

---

　　① 王秋香:《家庭功能弱化与农村留守儿童社会化》,《文史博览·理论》,2006 年第 7 期。

　　② 严由健、吴信学:《对传统农村家庭教育功能变迁的社会学思考》,《湖北教育学院学报》,2006 年第 9 期。

　　③ 刘继强、杜学元:《留守儿童初级社会化中家庭功能弱化问题研究》,《湖州师范学院学报》,2006 年第 4 期。

　　④ 叶敬忠:《关注留守儿童》,社会科学文献出版社,2005 年。

　　⑤ 莫艳清:《家庭缺失对农村留守儿童社会化的影响和对策》,内蒙古农业大学学报(社会科学版),2006 年第 1 期。

失的消极影响,是否能够一概而论呢? 以心理问题为例,谭深在梳理了诸多研究之后,认为父母的外出虽然可能使儿童出现一些不良情绪,但不一定导致儿童的心理问题。儿童心理问题的出现及程度与以下几个因素相关:其一是留守的模式。关键在于母亲是否在身边,母亲留守的儿童在教育、心理、健康方面与非留守儿童没有太大区别。三分之一以上的留守儿童处于这种模式中。而母亲单独外出,父亲留守对于儿童来说是最不利的模式,甚至比双亲外出更为糟糕。这已经不单纯是母亲依恋所致,而是与劳动力市场及家庭的性别分工密切相关。其二是父母离开时儿童的年龄。父母特别是母亲如果在儿童幼儿期就离开,亲子关系的缺失会使儿童产生分离焦虑。其三是与父母分离的时间。与父母分离时间过长,会影响儿童的心理健康水平,如果这种长期分离始于幼儿期,可能进一步影响儿童人格的形成。但是调查也显示,影响儿童心理的并不仅仅是这些与父母外出直接相关的因素,家庭的经济状况、对歧视的知觉、是否有兄弟姐妹共同生活、社区的环境、学校的环境等,都可能作用于留守儿童的心理健康。而真正造成儿童心理问题的,往往是几种因素的叠加或相互作用。比如母亲单独外出或者父母长期不能与孩子相聚往往与经济状况不良有关系,而贫穷又与歧视和歧视知觉连在一起。事实上,这样的儿童才是当下农村中真正的弱势[①]。

除了家庭这个重要因素之外,也有研究从同辈群体、社区以及大众传媒等因素出发,分析了它们对儿童的影响。

吴祁认为背景相似、年龄相仿、爱好共同的孩子们容易结合在一起形成同辈群体。这类群体符合青少年的年龄和心理特点,而留守儿童之间又往往能产生共鸣。他们的生活背景、家庭构成近似,家庭生活的缺失、监护的无力使他们有更多的时间放在和伙伴

---

① 谭深:《中国农村留守儿童研究述评》,《中国社会科学》,2011年第1期。

们一起游戏、玩耍中。这类群体中的交流不仅源自对沟通的渴求，更是一种情感的寄托，他们希望从中得到重视、肯定和保护。留守儿童的同辈群体因为成员年纪不大，自身约束力与辨别力不足，容易受到群体内外的不良因素影响①。

也有研究从社区角度来分析留守儿童的成长环境对他们的影响。吴祁认为社区作为人们活动的空间载体，是在学校、家庭之外孩子生活的一个重要场所，社区环境对人的日常生活及心理塑造起着潜移默化的影响。留守儿童在社区中的生活几乎不涉足学习，私人开办的盈利性场所很难为孩子们创造培训、学习的空间，农村社区中公办力量的薄弱也客观上使青少年缺乏正规活动的场所。青少年不宜接触的暴力、色情信息以大容量、高速度的方式冲击着留守儿童的课外生活，侵染他们不设防的心灵②。

此外，大众媒介对儿童社会化的影响力也越来越引起学者的关注。这一点，将在下文进行详细的论述。

这种单一视角的对留守儿童社会化成因的分析，不免失之于单薄，而且，纵观这些因素，基本上都是分而治之地论述这几个因素的影响。其实，留守儿童是中国社会在急剧的社会变迁过程中，社会结构和家庭结构发生变化的背景下产生的一个群体。其出现有着复杂的社会背景，其社会化的影响也是错综复杂的。如谭深所分析的，总体来讲，农村留守儿童确实处于不利的情势下。这种不利不仅是由于家庭结构不完整所带来的亲情缺失，从而导致一定的心理、教育、健康、安全的问题，更在于各种不利结构的交织和可利用资源的匮乏。从制度和结构的角度，如农民工被动的、拆分型再生产模式所导致的拆分型家庭模式，农村社会在结构层面的解体，二元分割下的农村教育等等，每一项制度结构都使留守儿童

---

① 吴祁：《家庭、社区沟通环境与留守儿童社会化》，http：//rurc.suda.edu.cn/ar.aspx？AID＝627。

② 同①。

处于边缘的位置。家庭的不完整,只是加剧了留守儿童的不利,而同样,这些不利因素的交织,使得家庭不完整问题更为突出①。

第二节 媒介与农村留守
儿童的社会化

如上文所言,在儿童社会化影响因素中,大众媒介的作用早就为研究者所关注。尤其是在目前媒介环境发生巨大变化的情况下,媒介包括传统的大众媒介和新媒介对儿童的影响力与日俱增。尤其是新媒体技术的发展,传统的现实社会与虚拟的网络社会的互相交错,甚至改变了儿童的社会化范式。所以,讨论媒介对农村留守儿童的社会化影响,首先让我们回顾一下国内外大众媒介对儿童影响的研究历程,然后,把本文的研究置于新媒介的技术环境之下,考察媒介对儿童以及留守儿童的影响。

一、大众媒介对儿童影响的研究综述

佩恩基金会的研究一般被视为大众传播效果实证研究的肇始。佩恩基金会的研究始于 1920 年代末,主要研究电影对儿童的影响。20 世纪 20 年代短短的 10 年间,电影作为一种新的媒介,迅速席卷了美国社会,电影成为人们生活中重要的传播媒介,看电影成为美国家庭最普遍的休闲活动。据统计,1929 年看电影的民众中约有四千万青少年,其中 14 岁以下的儿童约有一千七百万。电影充斥着大量的犯罪和性的内容,当时,美国的社会还很保守,这对人们的传统观念造成极大的冲击,尤其是家长们非常担心电影对儿童的影响。20 年代中期,人们纷纷指责电影的负面影响,

---

① 谭深:《中国农村留守儿童研究述评》,《中国社会科学》,2011 年第 1 期。

在报刊杂志上发表文章,电影界开始遭到舆论的指责。面对社会的关注,一些社会科学家开始着手进行研究。

佩恩基金会的研究涉及到了对儿童各方面的影响,包括生理、心理和情感等。我们从肖特所列举的研究目的中可窥一斑,这些目的主要有：观看电影的儿童数量；对电影影响儿童的定量分析；对这些影响的正面、负面或者中立的定性；影响归因于性别、年龄智力水平以及个人气质的情况；电影对儿童信息处理、态度、情绪、行为以及审美和道德标准的影响；电影对这样一些重要问题如威权、婚姻、犯罪、健康、英雄崇拜以及国际理解等的影响[①]。研究的结果是,一部人认为电影是有害的,电影工业必须做出改变,另一些人则认为无法做出电影有害的结论。

第二次世界大战以后,电视迅猛地发展起来,其普及之快,比起电影来,更令人不可思议。20世纪50年代是美国电视爆发增长时期,到1959年,普及率已经高达88%。电视成为人们生活中最普遍的媒介和最重要的娱乐工具,有儿童的家庭拥有电视的数量两倍于没有儿童的家庭。如同电影一样,人们开始担心电视的影响,尤其是电视中的暴力和性会不会导致青少年犯罪,会不会产生其他负面影响,成为父母们最为关心的问题。自电视诞生之日起,电视对儿童与青少年的影响,尤其是暴力、性等内容的影响,一直是家庭和社会关注的焦点。人们对新媒介的关注,首先开始于对青少年影响的研究。施拉姆及其同事进行了一个大型研究,研究涉及到电视对儿童的生理、情绪、认知和行为等各个方面的影响。在1958—1960年间,他们对美国和加拿大的10个社区做了11次调查研究,研究了电视暴力内容对儿童认知、情感和行为的

---

① Jowett, G. S., Jarvie, I. C., &Fuller, K. H. Childrenandthemovies: MediainfluenceandthePayneFundcontroversy. NY: CambridgeUniversityPress, 1996年,p.71,转引自周葆华:《大众传播效果的历史考察》,博士论文,2005年。以上内容参见王玲宁:《社会学视野下的媒介暴力效果研究》,学林出版社,2009年。

影响,运用了内容分析,问卷调查和访谈等研究方法。他们对 1960 年 10 月下旬,从星期一到星期五的下午 4 点到 9 点的电视进行了监看和分析,通过内容分析,研究者们认为这些内容是"极度暴力"的,枪击和斗殴的场面充斥其中,在超过一半的节目时间里,暴力成了主要内容。对儿童的收看情况调查发现,吸引他们注意力的有两类节目——犯罪片和情景喜剧。效果研究则发现,电视对情绪的影响较为明显,几乎所有儿童都被电视节目惊吓过,尤其是非惯例的暴力,导致的惊吓会更大。年龄太小就收看暴力节目,也会引起惊吓。在认知上,电视对性行为和暴力的描述,可能会使儿童过早成熟,而对成长过程产生恐惧感。在行为上,电视是否会产生暴力行为,研究者认为电视并不是主要原因,只是促使因素而已。研究发现,喜欢看暴力节目的儿童较容易记住暴力的内容,但是,电视并不直接造成犯罪行为,犯罪行为是许多因素造成的复杂行为,主要的因素是儿童的生活有缺陷,比如家庭不和,感觉被父母、朋友遗弃等。

最终的研究结果认为:儿童并不是在被动地接收电视,而是作为电视的使用者,利用电视来满足自身的需要;电视在儿童的生活中扮演了一个重要的角色,电视在儿童的社会化过程中构成了重要的部分,是儿童生活中共同经验的来源[①]。

其后的 30 年间,美国又进行了两项有关电视影响的大型研究。在这些研究中,电视暴力对儿童、青少年攻击性行为的影响占据了相当的内容。

1969 年由美国国会专项资金支持,在全美进行了一项电视暴力表现和青少年研究,最终得到了长达五卷的研究结论——《关于电视与社会行为的卫生局长报告》。调查运用内容分析、实验室试验、实地试验、观察研究、舆论调查等社会学研究方法,分别从媒介内容与控制、电视和社会学习、电视与青少年攻击行为、电视与日

---

① 王玲宁:《社会学视野下的媒介暴力效果研究》,学林出版社,2009 年。

常生活和电视的效果 5 个大的方面进行调查研究。《电视与行为：10 年的科学进展和对 80 年代的启示》是美国 80 年代初进行的新一轮媒介与行为的研究，这次研究在总结了以往调查的数据的基础上进行了新的角度的探讨：暴力与攻击行为、亲社会行为、电视收看的认知和情感方面、电视与健康、家庭与人际关系、社会信念与社会行为、电视对美国社会的影响。

正是在这些研究中，Gerbner 等人提出了著名的涵化理论。涵化理论主要探讨电视对观众真实世界认知的影响。Gerbner 等人的研究发现，收看电视时间越长的人，欲倾向相信电视呈现的信息、事件与价值和真实世界相似。Morgan 和 Signorielli 认为电视会对人们的认知产生涵化效果，因为电视在我们的日常生活中扮演举足轻重的角色。电视不仅是人们的重要消息来源，也同时形塑及引领社会风潮与走向。电视甚至取代父母、教堂及学校，成为影响儿童观察与学习的最重要社会机制（social institution）。在小孩出生后，电视立即提供一个完整的符号环境。它提供的知识、社会动态、品味、倾向，是其他媒体及社会机制难以企及的。

在媒介对儿童的影响研究中，电视与儿童的研究成果较多，众多的研究显示：儿童的电视观看行为，在世界大多数国家，是儿童日常生活的一部分，电视观看已经成为儿童社会化的机构之一，与家庭、学校一起，共同建构着儿童的世界观。电视内容如广告、角色再现、暴力成分等，经由电视传递给各方面仍处于未臻成熟的儿童，对儿童的消费行为、情绪态度、刻板印象等都产生影响。电视藉由其强大的传播影响力，对儿童的成长和发展产生着深刻影响。观看电视已成为儿童社会化的机构之一，与家庭、学校并驾齐驱，共同建塑儿童的世界观①。美国的心理学者 J·C·Wright 甚至

① 吴翠珍：《儿童之电视释义基模初探》，《新闻学研究》，1995 年第 48 期，第 1—41 页。

认为,儿童在学校和家庭完成的社会化过程已经或正在逐渐由传媒,尤其是电视取代了[1]。

儿童时期的社会化对一个人一生的成长起着至关重要的作用,电视媒体透过其强大的传播力量,对这一进程产生了重要的影响。但在参阅相关文献之后,发现有关电视对儿童影响的研究,绝大多数针对的是城市儿童,很少把目光投向生活在广大农村地区、占中国儿童大多数的农村儿童。电视作为 20 世纪 90 年代以来在大陆家庭逐渐普及的大众媒介,已经深入到中国的大部分家庭。据 2002 年的一项全国性调查显示:电视在中国城市家庭中的占有率高达 98%,即使是农村地区也达到了 90% 以上[2]。在网络迅猛发展的背景下,相比城市儿童,农村儿童拥有较少的网络媒体资源,电视的影响力也就更加凸显。多项实地调查结果也显示,电视依然是中国农村儿童最经常接触和影响力最大的媒介(刘澜,2008;张轶楠、陈锐,2008;李永健、刘富珍,2007)。

20 世纪 90 年代以来,随着电视在中国家庭的逐步普及,电视对儿童的影响也引起了学者的关注,学者卜卫在此间展开的关于大众媒介与儿童的多项调查研究就颇具代表性。卜卫认为社会化是个人与社会生活不断调适,使个人从自然人发展为社会人的过程。在这个过程中,最重要的是个人人格与其所生活的社会之间的互动。作为一种外界影响因素或一种教养方式,电视为儿童提供了一幅现实社会的图景和各种人生理想的模型,在分辨和理解其意义的过程中,儿童逐渐建立了关于当前社会现实的概念和信仰。研究提出了两个富有启示意义的结论:第一、媒介对儿童、青少年的影响不是即时影响,而是长期的影响。媒介与学校教育、家庭教育等因素一样,是影响儿童、青少年社会化的重要因素。第

---

[1]　柳友荣:《电视对青少年身心的负面影响及教育干预》,《青年研究》,1997 年第 11 期,第 38—40 页。

[2]　张国良主编:《中国发展传播学》,浙江大学出版社,2009 年。

二,媒介的影响与儿童个人的生活经验、态度有关。媒介影响是媒介传播和儿童自身条件共同作用的结果,并通过多项实证调查,发现年龄、性别、智力水平、人格特征、父母影响、儿童的家庭关系和社会关系等7个因素影响着媒介对儿童的作用①。此外,杜荟苑等人的研究也表明,大众媒介尤其电视对青少年的偶像崇拜、人生理想以及兴趣爱好有明显的效果,但是独生子女与非独生子女在传媒的社会化效果上也存在差异②。

两千年以后,网络对儿童和青少年的社会化影响的研究渐成风潮,依然有很多研究深入到不同电视节目的内容层面,如卡通、广告、电视剧、儿童节目、暴力内容等对儿童社会化的影响(王祯祯,2008;刘开源,2006;林凤丽,2006;王瑞武,2007;王玲宁,2005)。其中,有少量的研究关注到了农村儿童(陆琳琳,2009;李远煦,2007),研究结果均发现电视对农村儿童的社会化产生了重要影响。陆琳琳(2009)认为这些影响主要表现在提供休闲娱乐信息,传授知识、生活技能,道德观念的培养,价值观的影响,家庭及社会人际交往,暴力节目生活方式转变等诸多方面。研究发现不同的家庭教育状况在很大程度上影响了农村儿童对电视的依赖程度,并且在不同类型的儿童,不同类型的家庭里表现出不同的特点;李远煦(2007)研究发现,电视媒介对农村留守儿童的道德状况、社会交往、学习及休闲等方面产生了双重影响:在农村留守儿童社会化的过程中,由于家庭的缺位,学校教育的补位不足,使得电视媒介在其社会化过程中充当了桥梁和伙伴的角色。然而,电视媒介内容的良莠不齐,导致农村留守儿童呈现出的道德水平落差大、社会交往能力差、学习成绩两极分化以及休闲活动盲目化等特征。

---

① 卜卫:《大众媒介对儿童的影响》,新华出版社,2002年。
② 杜荟苑:《城市独生子女青少年的传媒生活与社会化——全国14城市青少年传媒接触状况的调查分析》,《青年研究》,2004年第9期,第43—49页。

二、新媒介环境下媒介对儿童的社会化影响研究综述

新媒介的出现,改变了媒介的生态环境,网络与其他传统的大众媒介一起,在儿童社会化的过程中起到越来越显著的影响。下面就着重论述在新媒介环境下媒介对儿童的社会化影响的研究成果和不足之处。

(一)网络社会有别于传统社会的社会化范式,成为传媒与青少年社会化研究立论的背景,电视、互联网等成为研究的热点

通过对文献的分析发现,随着互联网的飞速发展,进入 20 世纪 90 年代末以来,网络对青少年社会化的影响逐渐成为传媒与青少年社会化研究领域的热门词汇。以互联网为代表的新媒体技术的发展,不仅改变了媒介的生态,也改变了人们的思维方式、认知方式、生存和生活方式。对此,很多学者把这一问题置于社会变迁、社会结构转型、文化工业崛起的背景之下,从理论层面进行了分析与探讨,成为传媒与青少年社会化研究的立论背景。代表性的观点有:

王卫认为,网络时代的到来使青年社会化的范式也发生了转型。传统的社会化"实体流程"让渡与"虚拟现实"过程,青年社会化周期也因网络的"时空聚缩"而变短;青年社会化的"受化"方式也明显改变;青年对社会的反作用力增强,同时社会控化功能减弱;"群隔"现象生成,社会化"过度"与社会化"不足"共长,网络社会化的"阈限"也同时困扰人们,因而需要在理论与实践上做出应答(王卫,1999)。

风笑天等则提出,社会化可以分为真实社会化和虚拟社会化,前者常用来概括家庭、同辈群体、学校等机构进行的社会化过程;而后者则特指报刊、电视、网络等大众媒介尤指电视、计算机网络等电子媒介所进行的社会化过程,并对虚拟社会化的特征进行了

总结：（1）施化者的虚拟性；（2）社会化过程的双向性；（3）行为方式社会化与角色规范社会化脱节；（4）个体化的社会化内容。

贾秀娟认为，网络构筑起的虚拟世界使传统社会化的客观现实社会的互动变为与虚拟社会情境的对话。网络传播带来了虚拟社会化问题，改变了传统社会化模式中的力量格局，其表现就是家庭、学校的社会化功能式微，而大众传媒，尤其是电视、网络和短信等第四媒体成为影响青少年社会化的重要力量（贾秀娟，2004）。

在此背景下，网络的正、负面影响成为研究者关注的焦点，对此，很多学者都给予了辩证的分析。代表性的观点有：网络对青少年效率观念、平权意识、全球眼光和多元知识会产生积极效果，改变青年人的生活方式和社会互动，为青少年素质教育提供了发展机遇，有利于新型代际关系的建立（杨雄，2000）；网络可以提高儿童的知能，提供扮演社会角色的实践空间，提高青少年社会化的自主性，最大程度地满足了青少年的需求，扩大公共空间的交往等（胡建新，2003）。但同时，网络不健康内容会导致青少年的认知偏差，网络的非现实性会造成青少年对现实社会的认同危机（魏宏歆，2001）；导致青少年对现实交往的冷漠化、反常规行为（徐瑞萍，2005）；网上色情污染信息泛滥，并因为缺少"他人在场"而使得快乐原则支配个人的欲望，导致青少年网上道德水平下降，缺乏自我调控力，甚至出现反社会行为，网络交往有可能引发青少年的信任危机和人格障碍等（李望舒，2004）。

由于青少年正处于生理和心理发展的不稳定期，网络更容易引发的负面效应引起了众多研究者对现实问题的关注。比如网络成瘾对青少年社会化影响的研究就占据了相当的比例。卫根泉（2005）指出，网瘾不仅对青少年的生理造成消极影响，还会导致青少年过度上网交友，忽略和减少现实生活中的交往，造成社会孤立和社会焦虑；张梅花（2006）认为网络成瘾会引起青少年道德认知危机，影响青少年身心健康发展，阻碍青少年人生追求的实现，带来青少年人际关系弱化；崔丽娟等（2006）的研究发现，网络成瘾与非网络成瘾青少年在攻击性上存在着显著性差异。

新媒体环境下网络成为研究的热点，并不意味着对其他传媒的研究就销声匿迹。从 20 世纪 90 年代中期就成为关注点的电视，依然是研究的重点。原因在于，青少年一代就是伴随着电视成长的一代，电视对他们的影响是润物无声、潜移默化的。此外，目前电视依然是我国普及率最高的媒介，作为一种强势媒体，它已经深入到我们生活的每一个角落，其影响力并不逊色于网络。如同网络一样，研究者关注较多的也是电视的正、负面影响。相较于 20 世纪 90 年代比较笼统的研究，在新媒体环境下，研究者深入到不同电视节目的内容层面，如卡通片、广告、电视剧、儿童节目等对儿童社会化的影响。如王祯祯（2008）、方雪华（2009）等分别探讨了选秀节目对青少年和大学生的影响；王瑞武（2007）分析了韩国影视剧对初中生的审美价值观、职业价值观、经济价值观的影响，尤其对文化认同的负面影响进行了分析；刘开源（2006）等分析了电视剧中的非道德因素对儿童社会化的影响；林凤丽（2006）分析了动画片的文化因素对未成年人的影响，尤其是对民族认同感的影响；宋晶（2007）则分析了广告对大学生消费观念的影响。

在新媒体环境下，网络等电子媒介成为研究的焦点，其原因正如学者黄万盛所言，网络技术的广泛应用，正在剧烈地改变人与人的交往关系和人的自我认同，人类第一次面对一个前所未有的课题，新一代人脱离了继往开来的代际传承，脱离了观念、伦理、责任的相袭相续，他们在网络的交互影响中自我成长①。此外，从媒介形态来看，从电影、电视到网络，电子媒介使文化重新通过声音和形象得以传播，从而清除了书面印刷媒介的文字符号对大众的限

①　黄万盛：《大同的世界如何可能》，http：//www. 360doc. com/content/07/1210/20/13950_884730. shtml。

制,特别是计算机的普及、数字技术的发展和多媒体产品的日益丰富,更使视觉传播成为 21 世纪的一种主导性力量。从传播方式上看,电子媒介具有普及性、大众性和民主性,青少年由于其生理以及心理发展的特点,尤其喜爱接触影像或者图像媒介,这也是在青少年社会化研究领域,电视和网络受到关注的原因之一。

(二)传媒对于青少年社会化的影响研究多侧重于结果,对于青少年的认知机制如何影响其处理传媒的信息进而如何作用于社会化的过程,缺乏探究和阐述

在传媒与青少年社会化影响的研究中,绝大部分的研究把焦点聚集在社会化的结果之上即"是什么",对于青少年的认知机制如何影响其处理传媒的信息进而作用于社会化的过程即"如何",缺乏研究。对此,我们至少要考虑两个因素的作用过程,即不同传媒的信息特征、传递机制和不同发展阶段青少年的社会文化心理。

在目前的传媒与青少年社会化研究中,通常把传统的大众媒介和新兴的媒介等都统称为大众传媒,这样就存在着泛泛而论的问题。其实,不同的传媒由于特点的不同以及对社会生活影响程度的不同,其对青少年社会化的影响也是有别的。比如对于网络,王卫就认为网络对青年的社会化是一种有别于其他影响的因素,对青年所进行的社会化,是一种有别于传统社会化的社会化范式。网络区别于其他社会化途径对青少年社会化研究提出了新的问题,这要求学者们抛弃传统的观念来重新认识青年社会化的时间"阈限"、合理跨度、社会化的方式以及社会化的广度与深度以及青年社会化在人的一生中的地位等一系列问题。再比如电视,是经过高度人为处理的产品,又通过特殊的媒介性质呈现,其背后强大的电视工业以及所传递的价值观念,不同发展阶段的青少年对它的认知是不同的,这些自然会影响到他们对信息的认知和处理,从而作用于他们的社会化。

即使是同一媒体,不同的节目形态和不同的信息呈现方式对

青少年的认知基模形成也是有别的。以网络为例,多数研究都注意到了网络传播的特点,即交互性、个性化、匿名性、无地域性、无中央控制性和多媒体化等一系列特点(宋绍成,2002),但是对不同形态的网络媒体特征的论述还比较笼统和模糊。对此,有的学者已经有所意识,并没有一概而论为网络媒体或者新媒体,而是区分了网络媒体的不同形态如虚拟社区、儿童博客、网络游戏、网络文学等,并进行细化的研究。如徐睿(2006)通过对网络小说《成都,今夜请将我遗忘》相关"跟帖"的内容分析、文本分析,初步证实了网络在青少年角色社会化中的作用;周桂林(2009)通过对角色类扮演网络游戏的研究,发现网络游戏中的角色扮演和现实社会具有很大相似性,是青少年现实社会化的"虚拟演练场",对青少年的自我形成,社会文化传递以及社会结构维持均有较大作用;晏菁(2005)则通过对雏鹰网和中少在线儿童博客的文本分析,认为儿童博客在儿童形成价值观念、个体语言行为的学习和性别角色示范等方面起到了传统媒体无法替代的作用;祝华新、赖龙威(2005)分析了新媒体技术环境下不同媒体的特性,认为传统媒体是基于单一介质的,比如报刊是基于纸张,电台是基于电波,电视台是基于图像信号,而新技术媒体是基于 IP 平台的跨媒体、多媒体,与现实世界不同,网络世界的虚拟性更容易造成青少年对现实社会的认同危机。

但是总的来说,这类研究并不多见。由于忽略了不同传媒的特性,对于效果产生的前提——青少年的认知机制如何影响其处理传媒的信息,就缺乏探究和阐述。正如柯惠新指出的,网上的娱乐性内容(如影音娱乐网站)、娱乐性较强的活动(如即时通讯工具聊天、网络游戏等)和娱乐性较强的参与性网络使用形态(如即时通讯工具、论坛等)都会对青少年产生不同的影响[1]。

---

[1]　柯惠新在推动网络文明缔造网络和谐座谈会上的发言。http：//www. jinchuanmei. com/Article/ShowArticle. asp？ ArticleID=628。

青少年的认知机制如何影响其处理传媒的信息，另一个不可忽略的因素是对不同发展时期青少年的社会文化心理特征的探析。在新媒体技术环境下，青少年感知世界的方式不同于传统社会，本就处于急剧转型社会中的青少年，同时面临着多元社会文化的冲击，青少年在内外因素的作用下，会形成独特的社会文化心理，这个特征是影响他们对传媒信息的处理和认知机制不可忽略的变量。处于发展阶段的青少年在面对不同形态的传媒时，对信息的处理也可能会呈现出不同的形态和机制。因此，只有把不同传媒的信息特征、传递机制和不同发展阶段青少年的社会文化心理这两方面结合起来，我们才能够深入了解传媒对青少年社会化影响的前提，尤其面对微博客、网络视频、社交网站等涌现出来的新媒介形态，青少年都是参与其中的主力军，这样的传播方式和交往方式对青少年的社会化产生怎样的影响？如何作用于青少年的社会化进程？有何异同？这些都是把传媒和青少年社会化推向深入时必须考虑的内容。

（三）从研究对象上看，存在着明显的不平衡现象；对研究对象的年龄界定以及概念使用上比较混乱，对青少年不同发展阶段很少加以细分

通过对文献资料的分析发现，研究对象多集中于对城市青少年的研究，农村青少年很少涉及；普通群体研究较多，特殊群体尤其是弱势群体的研究较少；在研究对象的概念使用上比较混乱，缺乏统一的标准。

多数的研究对象集中在城市儿童，尤其是网络与青少年社会化之间的研究。原因当然是城市互联网相对于农村的高普及率以及网络强大的影响力，但是高普及率并不意味着高接触率。在上海交通大学举办的"2007首届全球传播论坛"上，学者倪琳通过调查发现，2006年上海青少年、儿童平均每天的媒介接触时间中，电视仍然是本市儿童每天接触最多的媒体，平均每天1—2小时，占

26.4％。相比之下,有一半以上的青少年和儿童每天不接触网络。而农村的互联网普及率虽然低,但是对农村青少年的影响是否比传统的传媒如电视更大呢? 这方面还缺乏比较权威的调查数据,即对青少年媒介接触行为如使用动机,满足程度以及需求等缺乏研究。

此外,对研究对象的年龄界定以及概念使用比较混乱,对青少年不同发展阶段很少加以细分。研究者明显表示研究对象是幼儿、中学生或大学生的较少,其余的研究对象为“儿童”、“青少年”或“青年”。具体到研究中,青少年的年龄段有的分为 12 到 18 岁,有的分为 12 到 25 岁,青年的年龄段则是 12 到 25 岁或者 18 到 25 岁,儿童的年龄段则分为 0 到 6 岁或者 18 岁以下。从中可以看出,“儿童”、“青少年”或“青年”这三个概念在年龄划分上存在着一定的重合和差异,呈现出非常混乱的情形。无论使用哪种称呼,青少年作为人生的一个过渡阶段,它是一个动态概念,而不是一成不变的。从生理和心理发展的角度来看,都会受到一定时期的经济文化和社会发展的影响。不同的学科、不同的民族、不同的国别,对青少年年龄的界定必然存在着一定的差异。对此,不必苛求对此一定有一个统一的标准。但是根据发展心理学的理论,不同年龄段的人,所处的社会化阶段不同,接触的媒体以及对事物的辨别能力、心理接受能力也存在较大的差别。所以,从科学研究的规范上来说,由于概念没有严格的界定,使得研究也无法深入下去,科学性缺失。

对此,笔者建议,研究者一定要明确自己的研究对象,针对不同年龄及心理特性的青少年做出特别的说明,尤其要把研究对象置于具体的社会情境之中,对其社会文化心理进行分析,在此基础上再进行研究。泛泛而论只能是常识性的概括而缺乏科学的论证,同时也无法取得与国际学术界对话的可能性。

(四)媒介对农村留守儿童的社会化影响研究

在目前所检索到的文献中,只有很少的研究专门提到了农村儿童以及特殊儿童,如浙江传媒学院课题组的《大众传播对农村青少年世界观的正面影响》;李远煦、额尔敦毕力格、梁晓青等人的硕士论文《电视媒介对农村留守儿童的社会化影响》、《电视媒体对蒙古族青少年社会化影响研究》、《广告对农村青少年的社会化影响》等。这些研究通过实证调查,在掌握一手资料的基础上,分析了电视、广告等对农村青少年的道德社会化、社会交往、学习和娱乐等方面的影响。无论在研究方法上还是研究对象上,都是目前传媒和青少年社会化研究领域比较欠缺的。正如学者孙抱弘所言,在青少年研究中,应该关注3个群体即留守儿童、流浪儿童和流动儿童。这些青少年中的弱势群体,是在改革开放30年的过程所形成的特殊群体,我们要尽可能全面了解这些青少年群体的生存状态,分析他们的特殊成长经历可能产生的影响,并就社会能给予他们的种种帮助提出对策建议①。以农村留守儿童为例,这可以称得上是中国社会转型过程中,在世界范围内所存在的独一无二的群体,加强和深化这一对象的研究,无论在理论探讨上还是经验累积上,对社会化的研究都会具有开拓性的意义和价值。

虽然有关媒介对农村留守儿童社会化的影响研究并不多,但是,这些开拓性的研究为本文的研究提供了坚实的基础,我们将在第四章进行详细描述。

(五)在研究方法上,研究者们进行了积极的探索与尝试,但总的来看,实证研究较少,对策性的总结居多

在研究方法上,研究者们从跨学科、跨领域的视野出发,如从心理学、社会学、传播学、教育学等角度研究大众传媒对青少年社会化的影响,使研究的主题更加复杂、丰富和深入。同时,运用了访谈法、调查法、实验法、比较法、内容分析法等研究方法。如李远

---

① 孙抱弘:《青少年关注:从一般问题到特殊群体——兼论青少年研究的未来走向》,第四届中国青少年发展论坛〈2008〉征文论文。

煦、梁晓青、宋晶等人的研究均深入调查地,通过问卷调查、个案访谈等方法分析了电视、广告对农村留守儿童的社会化的影响。这些研究方法的运用,使得传媒与青少年社会化的研究走向深化和细化。但是,囿于各方面因素的限制,这类研究也存在一个问题,即在调查范围上主要是对某个地方的个案调查,具有一定的尝试性和探索性,有利于研究问题的深入,但同时也缺乏在全国范围上的把握,在这方面,还需要展开大规模的、具有代表性的调查研究。

即使如此,这部分的研究目前也是居于少数,从现有的研究来看,大多数的研究比较宽泛,都是从相对宏观的层面、相对抽象的角度,泛泛地探讨传媒对青少年社会化的影响,而从相对微观的层面、相对具体的角度、经验地探讨传媒对青少年社会化的特定问题、特定内容、特定方面的研究比较少①。

---

① 本段的内容主要发表于《当代青年研究》2010 年第 3 期。

第二章 制度与结构变迁下的农村 留守儿童社会化
——媒介的进路

　　农村留守儿童是中国社会急剧变迁的背景下,社会结构和家庭结构发生裂变的情况下产生的一个特有的社会群体。儿童媒介经验在现代生活中无法与其他文化实践活动相抽离,媒介的影响总是与其他社会文化因素交织在一起。考察媒介对农村留守儿童的社会化影响,既要最大限度地厘清媒介的影响因素,又要结合农村留守儿童所处的制度环境、所拥有的资源现状,勾勒出农村留守儿童的生存图景,同时,结合儿童社会心理发展的一般特征,以媒介为切入点来解析其社会性成长的路径。

第一节 农村留守儿童社会心理 发展的一般性特征: 发展心理学的视角

　　如前文所述,本研究对于留守儿童的年龄界定是18周岁以下的未成年人。同时为了调查的可行性和便利性,把研究对象的年龄界定在 6 到 18 岁之间,这一年龄的跨度是非常大的。而根据心理学家的研究,不同年龄阶段的儿童有其独特的发展特征。从国内外学者的诸多研究来看,无论是以生理发展、智力发展、个性发展还是以活动特点、生活事件为依据划分年龄阶段,在年龄的分期上都存在着内在的一致性,例如 0—2、3 岁;2、3—7 岁;7—12 岁;12—15 岁;15—18 岁、18—25 岁;25—35 岁;35—55 岁;35—55 岁或者 60 岁;60 岁以上,这几乎都是一致的。所以,本研究把留守儿童划分为 6 到 11 岁、12 岁到 18 岁两个年龄段,并分别以儿童和青少年指称(有时也以儿童统称)以方便行文,并分别对其特征进行描述。

按照发展心理学的观点,心理发展可以分为两个部分:一是认知的发展;二是人格的发展。按照皮亚杰的观点,他把人的认知发展阶段分为四个时期:

1. 感官运动期(sensori-motor stage),0—2 岁,通过感官动作的方式做尝试性的学习;

2. 前运算思维时期(preoperational stage),2—7 岁,使用符号内在的特征,但思考的方式呆板,受到知觉的限制;

3. 具体运算思维期(concrete operational stage),7—12 岁,开始运思思考和可逆性的心智活动,比较有组织性、逻辑性的思考;

4. 形式运算思维期(formal operational stage),12 岁以上,渐渐能够做抽象、假设性以及逻辑性的推理①。

按此推算,7—12 岁的儿童就进入了具体运算思维时期,超出了只感知具体事务的阶段,能进行抽象的形式推理。皮亚杰认为这一阶段的认知发展具有以下特征:在这一阶段,儿童形成了初步的运算结构,出现了逻辑思维。但思维还直接与具体事物相联系,离不开具体经验,还缺乏概括的能力,抽象推理尚未发展,不能

———————

① 皮亚杰著,吴福元译:《儿童心理学》,商务印书馆,1980 年。

进行命题运算。这一阶段儿童发展了"去中心化",即只站在自己角度看问题的自我中心思想逐渐消失。此时儿童不仅能集中注意情况或问题的一个方面,还能注意几个方面;不仅能注意事物的静止状态,还能看到动态的转变;还能逆转思维的方向。

这一时期的儿童,已经进入学校,其社会性的发展获得新生,并体现出协调性、开放性和可塑性的特点。

在道德的发展方面,这时期的儿童开始形成自觉运用道德规范的能力,逐步开始形成系统的道德认识以及相应的道德行为习惯。这种系统的道德认识带有很大的依附性,缺乏原则性。在道德认识的理解上,小学生从比较肤浅的、表面的理解逐步过渡到比较精确的、本质的理解。但是,这种认识成分,概括水平较差;在道德品质的判断上,从只注意行为的效果开始逐步形成比较全面地考虑动机和效果上的统一关系,但有很大的片面性和主观性;在道德原则上,学生道德简单地依附于社会的、他人的原则,逐步形成受自身道德原则的制约。在很多情况下,他们在判断道德行为上,还不能以道德原则为依据,道德信念常常受到外部的具体情境影响;小学生已初步掌握了道德范畴,不过对不同范畴的理解有不同的水平。在道德发展上,认识与行为,言与行基本上是协调的。年龄较小的学生,行为比较简单且外露,道德的组织形成也比较简单。小学高年级的学生的行为就比较复杂。这时期的儿童的自觉纪律也开始形成。在道德发展中,自觉纪律的形成和发展占有很显著的地位,它是道德知识系统化及相应的行为习惯形成的表现形式,也是外部和内部动机相协调的标志。

自我认识(self-consciousness)的发展过程是个体不断社会化的过程,也是人格形成的过程。自我意识的成熟往往标志着人格的基本形成。儿童自我意识的发展经过三个时期:(1)自我中心期(egocentric period)(8个月—3岁),是自我意识的最原始状态,称生理自我,在这一阶段,个体显著地受社会文化影响,是学习角色的最重要的时期。(2) 客观化时期(object period)(3 岁到青春期),是获得社会自我的时期,在这一阶段,个体显著地受社会文化影响,是学习角色的最重要时期。角色意识的建立,标志着社会自我观念趋于形成。(3) 主管自我时期(subjective period)(青春期—成人期)自我意识趋于成熟,进入心理自我时期。

在自我意识的各因素发展上,自我概念是指个人心目中对自己的印象,包括对自己存在的认识,以及对个人身体能力、性格、态度、思想等方面的认识。儿童有这样几个特点:儿童的自我描述是从比较具体的外部特征的描述向比较抽象的心理术语的描述发展。如回答"我是谁?"这样一个问题时,小学低年级学生往往提到姓名、年龄、性别、家庭住址、身体特征、活动特征等方面,而到小学高年级,儿童则开始试图根据品质、人际关系以及动机等特点来描述自己。小学高年级学生开始能用心理词汇来描述自己,但也是以具体形式来看待自己,把自己这些特征视为绝对的和不可变更的。例如,8—11 岁的孩子说自己是善良的,是因为他们把东西分给了同伴或帮助了其他人,因此自己是"善良的",他们还不太理解自己的人格特征在不同场合可能会有所不同。

自我评价(self-evaluation)能力是自我意识发展的主要成分和主要标志。进入小学期以后,儿童能进行评价的对象、内容和范围都进一步扩大,这也使儿童的自我评价能力进一步发展起来,主要表现为:(1) 顺从别人的评价发展到有一定独立见解的评价。(2) 笼统的评价发展到对自己个别方面或多方面行为的优缺点进行评价,并表现出对内心品质进行评价的初步倾向。(3) 自我评价的稳定性逐渐加强。家庭教育风格(style of family education)常常会影响儿童的自我评价。如权威性父母(或威信型父母)(authoritative parent)的教育往往是民主而严格的,他们喜爱并接受儿童,对孩子的学业行为有较高的要求。他们善于倾听并尊重儿童的意见,信任和鼓励他们,较多地采取鼓励、奖励良好行为的方式,而不是斥责、惩罚其不良行为的方式。父母的教育风格与儿童的自我评价是相互作用的。(4)小学儿童已具有一定的道德评价能力:儿童对行为后果的道德判断是从行为的直接后果(把好事等同于直接使人满意的事)向行为的长久后果(倾向于期待以后的奖赏)过渡;从行为的个人后果(自己受到称赞的行为即是"好"的,受到惩罚的行为则是"坏"的)向行为社会后果(考虑到同伴的自己行为的评价)过渡。

在社会关系的发展方面,主要表现为同伴的交往、儿童和父母的关系以及师生关系上。

同伴交往,尤其是更为亲密的友谊关系的建立,使儿童之间的相互影响日益增强,这种影响是以同伴的强化和同伴的榜样的作用实现的。同伴的行为往往是儿童的一个榜样,他们模仿、学习榜样的行为。班杜拉(Bandura,1972)认为至少有三种不同的原因使得榜样能影响他人的行为:一是通过观察他人的行动方式从而学会这种行为方式;二是通过榜样了解采取有种行为方式可能产生的后果;三是榜样可为儿童提示在陌生环境中能采取的行为方式。刚入学的儿童,还没有形成真正的集体关系和集体生活,也就是还没有形成集体的意识(collective consciousness)。随着年龄的增长,小学生选择为集体的行为动机的人数比例逐年在增加。同伴团体所以会产生,是由人的社会性决定的。人是社会动物,是社会群体的一分子,具有交往与归属的需要。当人离群索居或置身于陌生人群中时会产生孤独、焦虑。作为社会个体的人,他的一切活动都需要与他人相互联系。儿童的同伴团体能满足其交往与归属的需要,在促进儿童社会化过程中发生着重大的影响。儿童在团体中的地位、儿童是否被同伴团体接纳等就对儿童心理发展产生一定的影响。

小学生的人际交往虽然逐渐丰富起来,与同伴的交往也明显增多,但与父母仍保持着亲密的关系,小学生与父母的关系在其发展上仍起着重要作用。家庭生活中,父母通过几种社会化心理机制对儿童施加影响。第一,教导:父母的言传身教,直接向儿童传授各种社会经验和行为准则;第二,强化:父母采用奖惩的方式强化儿童的行为准则,并巩固这些行为准则的地位;第三,榜样:父母往往是儿童最早期开始模仿的对象。儿童效仿父母,学习父母的行为方式;第四,慰藉:儿童对父母形成的依恋感使他们易于向父母倾诉不安和烦恼,以得到父母的安慰和帮助。除此之外,父母对儿童的态度,家庭教育气氛等,也对儿童的人格产生着影响。

在师生关系上,低年级儿童对老师绝对服从,这种心理有助于他们很快地学习和掌握学校生活的基本要求。然而,随着年龄的增长,儿童的独立性和评价能力也随之增长起来。小学生对教师的态度中的感情成分比较重,教师努力保持与学生的良好关系有助于其教育思想的有效实践。教师对学生有较高的期望时,他们就会表现得更和蔼、更愉快。教师对待有高能力的学生和被认为能力差的学生的方式有所不同,通过上述的种种传递方式,教师实际上传递这样一种思想,即期望高能力学生的失败是由于没有好好努力,而期望低能力学生的失败是由于缺乏能力[①]。

按照皮亚杰的认知发展阶段的推算,12—18 岁的青少年就进入了形式运算思维时期,超出了只感知具体事务,能进行抽象的形式推理的阶段。皮亚杰认为这一阶段的认知发展具有以下特征:

1. 概念与命题心智活动的运思:不再局限于事实表面的思考,能够对许多并非真实的假相过程及事件做相当有逻辑的推理。

2. 对假设命题的反应:处于青春期的青少年遇到与真实世界看法相反的观念性问题时,思考常与现实相连接的具体运算思维者,会对这种假设命题表现出犹豫不决的态度;他会反映出无法对不存在的物体或不曾发生过的事件加以思考。相对的,形式运算

---

① 林崇德:《发展心理学》,浙江教育出版社,2002 年,第 331—358 页。

思维者则非常热衷这种思考，并且能产生一些不平常的具有创意的反映来。

3. 假设—演绎推理：以系统的方式寻求答案和方法，形式运算思维者解决问题的技巧越来越有系统，也较抽象，非常类似科学家的假设—演绎推理。

形式运算的思考是一项有力的工具，能够以许多方式来改变青少年。可以进一步了解他人的心理观点及其行为起因；让青少年对生命中的各种可能进行逻辑思考，从而促使青少年能够稳定统合。形式运算思维者能够对目前的真实世界假想其他的可能性，因此会开始质疑所有的事情。青少年在真实世界里会发现很多不合逻辑的事情，就会较容易遭到挫折，甚至对应该负起这种不完善状态的责任人（如政府、父母）有怨气。皮亚杰认为，这种认为事情应该是怎么样的理想主义的坚持，是青少年获得抽象推理能量的正常结果，也是产生代沟的主要原因。同时，青少年把精力集中于自己及自己的思考上，所以会变得比小时候更加自我中心①。

艾尔肯（Elkind）进一步指出，青少年常有两种自我中心观：假想观众（imaginary audience）和个人神话（personal fable）。假想观众就是青少年觉得自己是舞台上的焦点，周围的每一个人都像他一样的关心、注重他自己的一举一动，因此会花很多时间打扮自己。个人神话就是青少年会觉得自己本身的遭遇以及思考是具有独特性的，觉得没有人像他那样的与众不同，或者认为没有人像他一样有过悲惨的遭遇，因此没有人真正了解他②。

12 到 18 岁这一时期的青少年正处于青春发育期，青春期生理上的变化多种多样，又十分显著。生理上的巨大变化也会对心

---

① 皮亚杰著，吴福元译：《儿童心理学》，商务印书馆，1980 年。
② 澳门青年文化协会：http://www.acjm.net。

理产生极大的冲击。

1. 青少年身体外形的迅速变化,对青少年的心理发展作用很大,他们开始意识到自己已经长大了,不再是小孩子,增强了自我意识的一些新体验,产生了成人感(feeling of being an adult),人格发展的速度也大大加快。

2. 青春期青少年的生理机能迅速增强,并逐步趋向成熟。肌肉力量的变化,对青少年的心理发展具有很大的意义,使他们体会到有力量,加速他们的成人感,促进他们行为意志的发展。同时,脑和神经的发展也接近成熟,这一机能的基本成熟是青少年心理发展的直接前提和物质基础,为青少年的心理基本成熟提供了可能性。

3. 男、女青少年性成熟对其心理形成和发展起到很大的作用。青少年开始意识到自己向成熟过渡,同时也给他们带来性机能的好奇心与新颖感。例如,女生经常会感到强烈的不安和恐惧,有的甚至陷入孤立或者产生自卑感;男生在情感上愿意接近女生,但在行动上又故意疏远,处于一种矛盾的心理状态。

青春期生理的迅速变化,形成了人的一生中迅猛发育的"第二高峰"。处于这一时期的青少年形态、生理和心理都在发生急剧变化。特别是性成熟的"突变",往往给青少年带来不少困扰。心理的发展,必须有生理作为基础,青春期生理上的显著变化,为青少年的心理急剧发展创造了重要的条件,并容易引起心理上的骚扰和波动[1]。

关于人格的发展,美国的新精神分析学派的埃里克森提出了"人格发展理论",又称"人的心理社会发展阶段论"。这一理论继承发展了弗洛伊德的许多基本原则,既考虑到生物学的影响,也考虑到文化和社会的因素。埃里克森认为,人除了具有性的冲动外,

---

① 林崇德:《发展心理学》,浙江教育出版社,2002年,第364—375页。

在生长过程中还有一种注意外界与外界相互作用的需要，而个人的健全人格正是在与环境的相互作用中形成的。每个人在生长的过程中，都普遍体验着生物的、生理的、社会事件的发展顺序，按一定的成熟程度分阶段地向前发展。他通过临床观察与经验总结发现，人格的发展历程并非如弗洛伊德所肯定的那样，在6岁之前已经完成了，而是贯穿于人的一生。他将这一历程划分为八个阶段，每个阶段都包括一个在与环境相互作用中产生的特殊矛盾。每一阶段都有其特定的发展任务，由于发展任务完成得成功或不成功，就是两个极端，靠近成功的一端，就形成积极的质量，靠近不成功的一端，就形成消极的品质。每一个人的人格质量都处于两极之间的某一点上。埃里克森认为，如果每个阶段都保持向积极品质发展，就会逐步实现健全的人格，否则就会产生心理社会危机，出现情绪障碍，形成不健全的人格。这八个阶段是：

1. 婴儿期（0—1岁），信任与不信任的矛盾；

2. 儿童期（1—3岁），活动主动与羞愧内疚的矛盾；

3. 学龄前期（3—6岁），自动自发与退缩内疚的矛盾；

4. 学龄期（6—12岁），勤奋进取与自贬自卑的矛盾；

5. 青春期（12—18岁），建立同一性的阶段，同一性与角色混淆的矛盾；

6. 成年早期（18—25岁），承担社会义务阶段，友爱亲密与孤独疏离的矛盾；

7. 成年期（25—65岁），显示创造力的阶段，精力充沛与颓废迟滞的矛盾；

8. 老年期（65岁以上），达到完善阶段，完善与绝望悲观的矛盾。

埃里克森认为，学龄期阶段是儿童继续投入精力和欲力，尽自己最大努力来改造自我的过程，并且本阶段也是有关自我生长的决定性阶段。这时儿童已开始意识到进入了社会。他在众多的同伴之中,必须占有一席之位,否则就会落后于别人。他一方面在积蓄精力,勤奋学习,以求学业上成功,同时在追求成功的努力中又搀有害怕失败的情绪。因此,勤奋感和自卑构成了本阶段的主要危机。其中自卑感的产生可以有各种不同的根源,原因之一就是由于前一阶段任务没有很好完成。随着学龄期儿童的社会活动范围扩大,儿童的依赖重心由家庭转移到学校、教室、少年组织等社会机构方面。埃里克森认为,许多人将来对学习和工作的态度和习惯都可溯源于本阶段的勤奋感。

处于青春期的青少年本能冲动的高涨会带来问题,另一方面更重要的是青少年面临新的社会要求和社会的冲突而感到困扰和混乱。所以,青少年期的主要任务是建立一个新的同一感或者自己在别人眼中的形象,以及他在社会集体中所占的情感位置,这一阶段的危机是角色混乱。同时,这种同一感也是一种不断增强的自信心,一种在过去的经历中形成的内在持续性和同一感。如果这种自我感觉与一个人在他人的心目中的感觉相称,很明显这将为一个人的生涯增添绚丽的色彩。埃里克森把同一性的危机用于解释青少年对社会不满和犯罪等社会问题上,他认为,当青少年在他所处的环境中被剥夺了他在未来发展中获得自我同一性的种种可能性,他就将以令人吃惊的力量抵抗社会。在人类的丛林中,没有同一性的感觉,就没有自身的存在,所以,他宁做一个坏人,或者死人般地活着,也不愿意做不伦不类的人,他自由地选择这一切①。

情绪是个体发展和社会适应的良好反映指标。下面对儿童和青少年成长阶段的情绪特征略作论述。

小学生情感表现形态在不断变化,情感内容不断丰富、深刻,

---

① 澳门青年文化协会:http://www.acjm.net,转引自王玲宁:《社会学视野下的媒介暴力效果研究》,学林出版社,2009年。

情感的稳定性不断增强。随着年龄的增长,小学生情感表现形式在发生变化。他们对人对事十分热情,虽然比起幼儿来显得含蓄些了,但仍然比较外露。整个小学阶段,学生的热情都易受具体事物支配。大约在三、四年级以后,小学生的热情开始分化,具有一定的选择性,减少了盲目性。小学生富于表情,且比较容易变化。小学生容易激动,带有一定的易激惹性。小学生也出现心境,但持续的时间一般不太长。大约到中、高年级才逐步出现影响整个情感状态的心境。入学后,学习变成了小学生的主导活动,随着这一突出需要的出现,小学生情感的范围和内容逐步扩大并丰富。如,由学习成功或者失意相应地产生愉快或沮丧的体验。同时其他的情感,诸如集体主义情感、责任感、同伴友谊感等随之发展起来,而且体验不断深刻。同是愉快,幼儿可能是由于得到好的玩具、好吃的食物,而小学生主要是得到好的分数,受到集体的表扬。在区分好、坏时,小学生不仅看表面,还能开始运用一些道德标准去评价等等。

幼儿期的儿童情感稳定性较差,容易改变。这种情况在低年级学生身上还能经常看到,但随着年龄的增大,这种易变的情绪、情感表现有所减少。可以说,小学生的情绪、情感逐步从冲动性、易变性向平衡性、稳定性方向发展。一般来讲,小学三年级是这种转变的转折点。当然,对这种稳定性不能估计过高。总体上讲,小学生的情绪、情感还是不很稳定的。

青春期的青少年在情绪情感上也表现出鲜明的特征。霍尔的疾风怒涛的形象说法颇能反映出青少年在情绪情感上的特征。这时的青少年在情绪情感上的突出特点是其两极性的表现。他们重感情,也很热情,但有极大的波动性,激情常常占有相当的地位。彪勒(Bühler)的反抗期理论将青年期分为两个时期,第一时期是以否定倾向为主的青年前期,她称之为青春早期(或青春前期)(prepuberty phase);第二时期是以肯定倾向为主的青年后期,她称之为青春晚期(或青春后期)(postpuberty phase)。她认为否定期在青春期前即已发生。伴随着身体急速成熟,青少年往往产生诸如不愉快、心神不定、不安、郁闷、情感易于激动和兴奋等现象,态度变得粗野,并产生一些反抗、胡闹、攻击、破坏行为。因此,这一时期又称为反抗期(period of resistance),其反抗情绪的主要表现与代沟和逆反心理紧密相连。代沟(generation gap)系 20 世纪 60 年代末期由美国人类学家米德(Margaret Mead)提出的概念,它指的是两代人之间存在的某些心理距离或隔阂,两代人之间发生的人际关系,称为代际关系(relations between generations)。因历史时代,环境影响和生活经历的不同,两代人对现实和未来的看法、态度各异,常常引起矛盾与冲突。在个体的发展中,代沟现象明显地出现在青少年期。在童年期,儿童是无条件地依恋教师,他们遵守着听话的道德;到青少年期,"成人感"、"自主性"或"独立意向"的发展,使他们开始改变与成人的关系,要求成人重视他们的意见,并希望获得更多的独立自主的权利。如果成人能重视他们的思想和行为,平等对待他们,就可以成为他们的朋友和师长,否则就会遭到抗议,这是他向成人争取权利、企图改变与成人关系的一种表现。因此,代沟尽管不是青少年反抗情绪的主要原因,但也是一个重要因素。逆反心理(psychological inversion)主要用来描述青少年由于自身成熟而产生的独立或自重的要求,以及对上一代的不满、反抗的矛盾情绪。青少年对某一事物或某一结论同成人持对立的情绪,其主、客观原因是比较复杂的,但逆反心理也明显地出现在青少年期①。

　　林崇德在《发展心理学》一书中把青春期的特点概括为过渡性(从幼稚向成熟过渡,是一个半幼稚、半成熟的时期,是独立性与依赖性错综复杂、充满矛盾的时期)、闭锁性(内心世界逐步复

---

　　①　林崇德:《发展心理学》,浙江教育出版社,2002 年,第 390—394 页。

杂,从开放转向闭锁,开始不大轻易将内心活动表露出来)、动荡性(思想比较敏感,更容易产生变革现实的愿望,但是,也容易走向极端)和社会性。所谓的社会性,就是说比起儿童时期的心理,青少年的心理带有较大的社会性。如果说儿童心理发展的特点更多依赖于生理的成熟和家庭、学校环境的影响,那么青春期的心理发展及其特点在很大程度上则更多的取决于社会和政治的环境。他把当代青少年适应社会性的六大任务概括为:

1. 追求独立自主　由于成人感(feeling of being an adult)的产生而谋求获得独立(independence),即从他们的父母及其他成人那里获得独立。

2. 形成自我意识　确定自我(ego),回答"我是谁?"这个问题,形成良好的自我意识(self-consciousness)。

3. 适应性成熟　即适应那些由于性成熟带来身心的,特别是社会化的一系列变化。

4. 认同性别角色　获得真正的性别角色(sexual role),即所谓男子气(或男性气质)(masculinity)和女子气(或女性气质)(femininity),这对幼儿期的性别认同(sex identification)说来是一个质的变化。

5. 社会化的成熟　学习成人,适应成人社会(adult society),形成社会适应能力。

6. 定型性格的形成　在这个阶段里,稳固的态度和行为方式已经定型,因而性格的改变就较困难了。

从社会学的角度来看,青少年的社会化,乃是由儿童时代次要的角色走入社会主体角色的历程,青少年在此时期受到父母、师长、同辈和社会环境的压力与约束,逐渐学到以社会期望的方式来表现行为,他们不但学习有关自己的角色行为,而且学习期盼他们社会化的成人角色,使得青少年能够日渐自我负责,且独立自主地参与社会活动①。

以上从发展心理学的理论观点出发,对有关儿童、青少年的社会心理发展的普遍性、一般性特征进行了概括和总结。农村留守儿童同样也具有这个发展阶段儿童的普遍特征。但是,作为一个特殊的群体,在中国城乡二元结构的背景下,在农村社会结构尤其是社区环境、社会阶层以及家庭结构发生急剧变化的背景下,其社会性的发展难免会受到制度的制约和资源的限制,也就具有了一定的特殊性。下一节将从中国社会变迁的角度,以及在这个复杂的社会背景之下,媒介在农村社会的角色和功能的角度来阐释农村留守儿童社会性发展的生存图景,这有助于我们在讨论媒介与农村留守儿童社会化时,时时刻刻都不脱离他们的生存图景,非单一地考察媒介的效果,我们需要把媒介和儿童同时置于正处于传统与现代交织的乡村社会中来解析这一命题。

第二节　制度·结构·文化:农村留守儿童社会性发展的生存图景

中国目前正处于改变迅速的社会转型期,观念、价值等日新月异。社会环境的巨大变化使当代儿童的心理和社会性发展都打上了时代的烙印,也遭遇到了一些问题。尤其是农村社会,由于制度供给、政策限制以及文化转型等原因,农村儿童尤其是留守儿童更是处在各种结构因素的交错之下,有些问题并非留守儿童独有,其实也是农村儿童普遍遭遇的问题,只是,当各种不利因素交织在一起时在留守儿童的身上更加凸显。人的成长离不开特定的环境,

---

① 澳门青年文化协会:http://www.acjm.net。

人的社会化总是在特定的社会环境中进行的,社会环境的改变,意味着人的社会化的机制也要发生相应的改变。

所以,本节将从城乡二元分割所导致的教育资源的不平等,农村社会结构的变化,村落文化的变迁,功利主义的价值观以及媒介在社会变迁中的角色等角度来分析农村留守儿童的生存境遇,深入地理解留守儿童这个群体生存发展的时代和社会背景。

(一)二元分割制度下的教育不平等状况

留守儿童的出现,是因为"农民工"群体的出现,"农民工"的出现,则是中国大量农村劳动力向城市大规模流动的产物。20世纪80年代初,在中国农村劳动力流动过程中,随着改革深入和城市政策放宽,出现大规模进城务工的一个特殊的群体——农民工。"农民工"现象的产生,某种程度上可以视为是我国特殊的工业化与城市化战略的产物,在经济基础差、国际环境严峻背景下,选择从农村经济中提取积累优先支持重工业发展是特殊时期的政府行为。与此同时,又建立了城乡二元户籍制度、限制农民自由流动等政策促进重工业发展和国民经济的快速发展。

所以,研究中国农村社会以及农村社会的成员,就不能不提到中国的城乡二元社会结构和制度。我国的城乡二元社会结构有其发展的历史根源,在社会与经济建设方面都有不可磨灭的贡献和作用。但是随着经济改革和社会转型的不断推进,这种城乡分割、对立明显的二元结构日渐露出各种弊端,尤其对农村社会,制约着其发展并在资源的分布上导致城乡间严重的不平衡。

关于城乡二元结构,陆学艺对此梳理并概括为:现行的不合理、不平衡的城乡结构、经济社会结构,是在自20世纪50年代我国长期实行计划经济以来的经济体制条件下的户口、土地、就业、社会保障等等一系列制度下形成的,总称为城乡二元结构。中国的城乡二元结构,是在上述一系列体制下逐步形成的,既是经济结构,也是社会结构,应该称作城乡二元经济社会结构。它以户口制度为基础,把公民划分为非农业人口和农业人口。国家对城市居民(非农业户口)实行一种政策,对农民(农业户口)实行另一种政策。对这种格局,有学者称为"城乡分治,一国两策"。其基本特征表现在3个方面:

在政治上不平等对待:对工人、干部、知识分子等非农业户口的人,认为是体制内的,把农民认为是体制外的,实行另一种政策;在经济上不等价交换:农村长期实行统购派购粮食和农产品制度,通过剪刀差强制农民给国家做贡献。20世纪90年代以来通过低价征用土地,积累大量资金;用农民工的形式,长期廉价使用农村劳动力,有人估算这两种形式,使农民为社会做的贡献可以万亿元计,远远大于剪刀差做的贡献;在社会上:实行非普惠制。教育、医疗、社会保障等公共产品,对城市居民和农民,无论在提供的方式、内容、数量、质量方面都是不同的,差别很大。长期实行这种政治、经济、社会等方面的政策,形成了中国特有的城乡经济社会二元结构,把农民束缚在狭小的土地上,限制封闭在农村里,阻碍了农业生产的发展,使农民贫困、农村落后的问题长期得不到应有的解决[①]。

由于城乡间的这种事实上分而治之的现状,导致城乡联系断裂,互动性差,城市对经济发展的拉动力无法显现,特别是随着地区发展差异的逐渐扩大,这种城乡割裂的分治模式极大地影响了农村经济增长的速度和质量,导致乡村经济发展和社会变迁滞后于城市,造成我国城乡之间应有的互动破裂,进而使新的城乡关系迟迟无法建立。尤其是户籍制度的城乡二元分割,在这一制度的强烈束缚下形成了阻碍中国社会发展的严重壁垒,主要表现为:农民就业方面的不公平的竞争;农民子女教育上的不平等状况;还

---

① 陆学艺:《破除城乡二元结构,实现城乡经济一体化》,北京工业大学学报第9卷第3期,2009年6月。

有社会保障制度障碍等。而这一制度供给所带来的一个直接影响就是留守儿童（当然也是所有农村儿童）所处的农村教育环境和资源的不平等现状。

中国教育制度的最大缺陷在于它的二元分割性，它是一种双重的二元教育制度。其表现形式是，在城市和农村之间进行整体分割，形成"农村教育"和"城市教育"的天壤之别；在从幼儿园到大学的各教育阶段实行内部分割，形成"重点"学校和"普通"学校的两个世界。其实质内容是，政府有限的教育经费向着城市学校和各级学校中的"重点"倾斜。其直接结果是，分属于两种制度下的教育者和受教育者的权利实现程度截然不同，不同的社会成员及其子女必须宿命地面对着教育机会的不平等①。农民工的子女深陷于这分割的教育制度之中。最明显的当然是进城的流动儿童，他们所受到的社会排斥，最直接的就是义务教育期间的不公平待遇，这也是大量留守儿童不能随父母进城的原因之一。而留在家乡的儿童，与所有农村儿童一样，加入到经费和资源薄弱的边缘化教育体系中。

这种体制发端于20世纪50年代，在当时的计划体制逻辑驱使下和赶超战略的现实压力下，有限资源确实难以确保全体成员都接受同样的教育因而出现上述的二元分割现象。并且，当时的这种制度安排虽然不可理解，但又确实被普遍接受了。随着改革开放的深入发展，按理说我国的这种二元教育体制会有所扭转，但恰恰相反，20世纪90年代后，这种二元分割性被制度化地加强了。就城乡而言，最突出的表现就是实行分级式的办学制度。即实行县办高中、乡办初中，村办小学的办学模式以及相应的教学经费分别由县、镇、乡和村支付，而城市的办学经费则全部由城市政

---

① 张玉林：《中国教育：不平等的扩张及其动力》，载《二十一世纪》（香港）2005年第5期，网络版。

府拨款。教育资源作为处在公共领域的共享资源，在制度供给不足的情况下，其使用的不公平会强化社会发展中的居民教育地位的不平等。教育资源分享中的不公平在很大程度上是强制性制度安排的结果，但其制度成本的承担者大多是经济地位和社会地位低下的弱势群体①。

现行农村教育体制虽然对九年义务教育给予了较多投入，但与此同时，高中以上尤其是高等职业教育则并没有得到体制的重视。一些地方尤其是经济条件相对落后的地区，高中以上教育可能还以不同的方式遭到削弱，因为高中教育的录取和收费制度让很多家庭经济状况不好的农户，不得不放弃继续接受教育的机会，从而出现多数农村学生在完成初中义务教育之后，会选择外出打工，而选择继续升学的人数就相应减少。

（二）农村人口流动对农村家庭的影响

农民的流动带来了家庭结构的深刻改变最初出现在 20 世纪 80 年代的第一波民工潮中，多是男性农民单身外出，妻子与孩子留在家乡，因此出现了所谓的留守妇女和留守儿童。到 20 世纪 90 年代，夫妻双双外出打工的趋势开始出现。这是因为：一是随着改革开放的深化，城市对农民流动的限制进一步放松，而且工业化市场化的扩展以及中国加入全球经济而带来的经济膨胀，导致了就业机会的增多，尤其是对于无特殊技能的廉价劳动力的需求增大，这为农民到城市务工客观上提供了条件；二是农村的经济条件进一步恶化。尽管改革开放初期农民获益较大，经济地位得以提高，但是 1997 年之后，农民开始呈现经济社会地位下降的趋势，农业经济明显滑坡，农产品产量和价格下降的同时，农民承受的各种税费的负担很重，国家对农村公共产品和服务的投入比重逐年

---

① 李瑞娥、李伟群：《我国制度变迁和教育资源分享中的公平问题》，《当代财经》，2005 年第 11 期。

下降,而且城市和城市工业通过土地征用剪刀差等方式对农村资源的抽取日益严重。所有这些都导致了农村生存条件的恶化,这就使得一个家庭中夫妻双方往往不得不一起外出打工以改变家庭恶劣的经济状况①。

有学者指出,政治、经济和社会的变迁会引发家庭关系和性别关系的衍变,而农村劳动力大量的流动既是变迁的结果也是变迁的动力②。农村劳动力流动对家庭结构和家庭关系的影响是深刻的,主要体现在以下几个方面:

首先是农村劳动力流动致使现实中的家庭结构模糊。虽然在农村,核心家庭是占主体的家庭结构,年轻人结婚后不久便与父辈分家,但由于外出务工,父辈与子辈的社会经济联系更为密切,表现在农业劳作、儿童养育、老人赡养等方面。与之相应的是家庭内部的角色分工明显,通常是男性、年轻人出去从事其他工作,女性、年老者留守家中从事农业生产。其次是农村家庭解体现象增多。在此情况下,农民工因单独外出而导致家庭解构,引发了严重的婚姻危机。所以,但凡有条件,他们首先选择夫妇乃至全家一起外出。这样,出于对经济收入以及维护家庭稳定等因素的考虑,父母双方外出务工的比例显著提高③。而如前所述,父母双双外出比一方外出对留守儿童的教育、情感等的影响要更趋于负面。

父母外出或者父母离异,无疑会对家庭结构造成破坏。对此,很多学者提到了拆分型家庭结构对留守儿童教育和情感的影响。拆分型家庭模式是占大多数的中下层农民工在市场资源匮乏、制度资源缺位的不利情况下不得已的选择。农村人口流动以及城乡

① 周潇:《农村青少年辍学现象再思考:农民流动的视角》,《青年研究》,2011年第6期。
② 刘华芹、王修彦、王瑞涛:《农村劳动力流动对农村社会结构之影响研究——基于山东、辽宁、甘肃三省六村的调查》,《西南民族大学学报》,2010年第11期。
③ 同②。

二元结构的分割状态,使得留守家庭的一大特点是其部分家庭功能被弱化,甚至缺损。在外打工的年轻父母是不可能承担仍留在家乡的子女的教育功能的。而(外)祖父母通常只能照管(外)孙子女的生活,但却无力执行对其(外)孙子女的教育。另一方面,如果夫妻双方中有一方在家乡留守,那么夫妻相互之间的权利和义务的执行也会出现困难,这会造成家庭的不稳定。而从家庭结构来说,由于家庭成员长期在外,原有的家庭结构因为共同生活的成员减少而出现了不确定性和模糊性。因此,留守家庭由于家庭部分成员(甚至是主要成员)长期在外,是有可能导致家庭凝聚力下降的。

从情感需求的角度来看,由于长期的家庭缺失,留守儿童存在严重的"亲情饥渴",缺乏同父母沟通交流的机会,而其他的监护人又替代不了父母正常情况下提供的亲情温暖和关爱,使得留守儿童的心理和精神需求得不到满足。祖辈由于在精神和体力上都处于衰老的过程中,他们觉得只要能保证他们吃饱穿暖就已经够了,没有更多的精力关注到孩子的心理问题。同时,快速变迁的社会,也使祖孙之间存在着越来越大的代沟,老人对后辈的心理和思想观念不理解,后辈也不愿意跟老人交流。孩子如果得到父母和他人的良好照料,各种需求得到充分满足,就能建立起对周围事物的信任感。相反,则会对他人和环境产生不信任,以致对以后各阶段的社会化产生不良影响[1]。如前所述,儿童的社会性发展的一个重要场所就是家庭,儿童和父母的关系是其社会交往中一个重要的内容,家庭教育的方式对其一生的成长都具有决定性的意义;而此时的青少年期已经开始和上一辈出现代沟,更不用说祖父母辈了,此时的他们进入了发展的逆反期,而且缺乏家庭内部的交流对

---

[1] 莫艳清:《家庭缺失对农村留守儿童社会化的影响及其对策》,《内蒙古农业大学学报:社会科学版》,2006年第8卷第1期。

象,拆分型家庭对儿童和青少年的影响不言而喻。

　　周潇通过自己的研究,提出了隐形拆分型家庭模式里面同样存在着亲情匮乏的问题。她认为,家庭结构的破坏并不仅仅体现在通常意义的留守儿童身上,还有一种隐性的拆分型家庭,即父母双方或一方在县城务工或者做小生意。通过在 H 县的个案研究,她发现这种情况并不罕见,而且呈现增长的趋势。之所以将这种家庭称之为隐性的拆分型家庭,是因为表面看来,这些家庭的完整性并未遭到破坏,父母虽然在县城内或者城郊做工,但是通常居住在农村。也有的父母在城内有临时性的居所,比如做买卖的人会在店铺附近租一间房子用做存货以及暂时性的居住。生意繁忙之时,他们往往就住在店铺里,不过更多的时候他们仍旧在村里的家中吃住。但是尽管如此,很多孩子和父母并没有什么交流,父母们全身心都扑在挣钱的事上。因此,劳动力的县内转移虽然并没有破坏家庭在形式上的完整,但是父母实质意义上的缺席,也同样造成了情感上的空乏状态。

　　情感上的缺失促使青少年寻找其他的途径来寻求满足和释放,另一方面,拆分的家庭又不能提供有效的管教和监护,那些与孩子相隔很远的父母自然很难施予管教,他们往往连孩子的具体情况都不清楚。至于那些在县城内务工的父母,虽然孩子就在身边,他们却疏于管教,而且因为与父母在情感上的疏离和隔阂,孩子们对父母的管教通常置之不理,甚至有意对抗。调查中很多孩子都说跟父母无法沟通,代沟很深。即使是那些父母常年在外的留守儿童,在平日与父母的电话中,他们对父母的说教常常应付过去,而在父母过年归家的短暂相聚中,他们其实也并不想跟父母在一起①。

----

　　① 周潇:《农村青少年辍学现象再思考:农民流动的视角》,《青年研究》,2011 年第 6 期。

（三）农村劳动力流动对社会结构的影响

社会流动与社会分层密切相关。如果说社会流动主要是从动态的角度来研究社会结构的话，那么社会分层就是从静态的角度进行社会结构的研究的。社会分层结构的变化、调整是通过社会流动实现的。也就是说，社会流动是社会分层的重要机制[①]。农村劳动力向城市流动的过程中，同样也带来了农民阶层的分化。在社会转型[②]的过程中，传统乡土社会的结构特征发生了巨大变化，高同质性、低流动性的乡土特征正朝着阶层分化、高流动性方向发展。

陆益龙用后乡土性特征描述农村乡土社会和社会阶层的变化。后乡土性特征是指在乡土结构依然留存的情况下，社会经济与文化的观念和行为都已经受到了现代化的渗透，并或多或少具有了现代性特征。因此，从这个意义上说，后乡土性就是结构基础是乡土的，但精神气质则是乡土与现代的混合。所谓乡土性结构，是指村落依然是乡村社会存在的基本形态，农村人依然聚村而居，村落依然相对于城镇，在结构上并无实质性变迁。但是，聚居在村落中的人已经有了巨大变化，尤其在有些村落，居民的分化程度和异质性已经相当大了。这说明现代村落已经不同于乡土中国时代的村落了，村落结构虽然没变，但村落面貌和精神气质却有了巨大的变迁。村落主体在社会快速转型中，也在急剧地分化。许许多多的村民，虽然体制给他们贴的标签仍然是"农民"，如农民企业家、农民工、农村流动人口等，然而，他们实际上已分化为不同的阶层，不同的职业[③]。陆学艺认为农民已分化为八大阶层：农业劳动

[①]　刘洁：《社会流动浅析》，中国社会学网，http：//www. sociology2010. cass. cn/cate/150105. htm。

[②]　所谓社会转型，是指整个社会系统由一种结构状态向另一种结构状态的过渡，它是社会系统的全面的、结构性的变化。见郑杭生主编《社会学新修概论》，2003 年。

[③]　陆益龙：《乡土中国的转型与后乡土性特征的形成》，《人文杂志》，2010 年第5 期。

者、农民工、雇工阶层、农民知识分子、个体劳动者和个体工商户、私营企业主、乡镇企业管理者、农村管理者等。

农村社会阶层的分化,也会影响到农村家庭的社会经济地位的变化。外出打工和农村市场化的结果使村里的分层日渐清晰,一些因外出而致富的家庭早已把重心移到村庄之外,留在村里的家庭其经济收入、生活水平成为分层最重要的标准。对于那些在经济能力上早先致富的人群,他们甚至已经搬离原来的村落,而到交通更方便的公路两旁居住,或者搬往现代化程度更高的乡镇、县城居住,有些农村甚至出现了"空心村"的现象。一些贫困家庭或打工失败的家庭被边缘化,孩子们也由此受到影响,这部分留守儿童更是被需要关注的对象。

农民阶层的分化带来的还有人与人之间关系的变化。在中国的传统社会中,血亲和姻亲是建立社会关系的两种主要手段,亲属关系是最主要的社会关系。农村劳动力流动削弱了基于血缘的家族和宗族势力的影响。家庭和宗族势力赖以存在的根基,除了基本的血缘关系外,还有地缘及业缘关系,但是对新一代年轻村民而言,后两者都已经不存在了。他们一年里的大部分时间都工作生活在一个与农村社会迥异的城市社会,他们的交际群体更多的是自己的工友同事,而不是家族和宗族成员。只有在婚丧嫁娶和节俗祭祀时他们才会和家族或宗族成员相聚。较以前而言,家族与宗族成员之间的经济、情感联系大大削弱了。

农村劳动力流动减少了邻里之间的互动,并且改变了传统农民的人际关系网络。外出务工者早出晚归或者长期在外的工作与生活方式,使他们不能像以前一样频繁见面,进行生产合作,他们只能在重要节日如春节返乡的时候才能互相拜访,邻里关系难免会生疏。尤其是年轻外出务工者,他们与同事及同类人的相互交往要远远多于与本村人的交往。因为对于他们来说,其接触新事物的欲望、对新观念的接受能力都较强,建立新的人际交往关系相对更加容易,并且建立新的人际交往关系某种程度上会带来观念上的转变,从而在行为态度上造成人们之间的异质性,这也减少了邻里之间的互动频率和亲密性①。就村落内部关系而言,其熟人社会及相应的社会信任体系似乎没有太大的变化,亲属、亲戚、邻里之间,人情、面子和礼节等乡土规范依然在人际交往中发挥作用,稍有变化的是,在人际交往中,市场交易规则的成分越来越多地渗透到人情、面子的规则之中②。

谭深在调查中发现,农村社会资源在各地都遭到不同程度的破坏。主要的人力资源分散外出,确实是一个导致彼此间联系松散的重要原因,但不是唯一的原因。因为即使生活在村里,人们之间的联系也比过去要少。村与村之间、干部与村民之间、村民与村民之间更多的是以利益关系相互联系,成员归属感、共同利益、相互信任以及集体行动能力等社区最重要的社会资源成为稀缺品。在那些内部关系紧密,村民互助精神完好的村庄,即使父母不在身边,留守儿童也能生活得健康快乐。而乡村的现代化走向已不可避免,生活在这样的乡土与现代交织的农村社会,儿童们在人际关系中的感受也不同于过去农村社会那种邻里之间、亲戚之间的脉脉温情,人情的淡化、社会阶层的分化对那些处于贫困状态的农村家庭以及留守儿童来说,这种影响尤甚。

（四）村落文化的变迁对留守儿童精神世界的影响

村落既是中国乡土社会的存在形式,又是乡村社会关系和制度的基础。英国人类学者王斯福在考察中国乡村时说,村落就是"一个传统的地方,这包括一个所谓的'自然村',简言之就是一个

---

① 刘华芹、王修彦、王瑞涛:《农村劳动力流动对农村社会结构之影响研究——基于山东、辽宁、甘肃三省六村的调查》,《西南民族大学学报》,2010 年第 11 期。

② 陆益龙:《乡土中国的转型与后乡土性特征的形成》,《人文杂志》,2010 年第 5 期。

仪式上的和有历史的单位,它的居民可分为由一个起源聚落而来的后代子嗣以及后来的移民者。作为大家共占的环境以及作为大家共占的命运这种公共财产,其可以通过宇宙起源仪式的调整或通过风水处理来加以补救。"在一个村落内部,村民在共同居住的基础上,产生一些认同的力量,并通过这些认同力量把大家维系在一个集体之中,让居民感受到村落就是他们共同的或共有的环境①。

　　村落实际上就是一个社区,而这个社区正是儿童、青少年早期社会化的重要场所,是他们家庭体验以外的重要成长环境。从理论的角度,我们可以参照毛丹有关村落共同体理论的视角来看一下它所发挥的功能和作用②。她认为,社区作为小型、紧密的地方性共同体被需要,也是在情感和社会认知意义上的。社会学研究通常承认,面对面日常互动与非面对面互动的效果完全不同,熟悉的人群中产生的道德约束与情感联系的强度与性质也完全不同于陌生人群。对于个体而言,社区共同体边界里的面对面互动的、相互熟悉的人群,不仅常常是个体认知社会的基本场域、基本情景区,而且是个体在社会中满足与否的基本定位点、基本参照对象。例如,个体满足与否的内心感受、社会生活评价,首先或经常是在熟悉的人群中比较出来的,人群愈熟悉愈有可比较性和可持续比较效度,愈不熟悉愈只有即时或暂时的比较效度。据依威尔金森等人的观察,社区是个体人格成长的主要影响要素,它是个体与社会联系之所,是家庭之外的社会体验的最初领域,是直接表达人走向联合的舞台,可以培养独特的集体责任态度;也是人满足需求,特别是避免社会孤独感的基石。与其他共同体特别是现代各种职

---

　　① 陆益龙:《乡土中国的转型与后乡土性特征的形成》,《人文杂志》,2010年第5期。

　　② 毛丹:《村落共同体的当代命运:四个维度的考察》,《社会学研究》,2010年第1期。

业团体相比,支持传统村落共同体存在的特别基础通常来自于两方面。其一就是在经济方面,农耕技术经济条件不仅支持家庭农业,而且导致不易分割农户家庭财产,并且社会通常也支持家庭作为共同消费之地。农村家庭的稳固存在不仅造成经济与社区不分离的状况,而且一般会支持邻人关系及村落共同体的形成和维持,并强化村落共同感。一如韦伯所析:"家是一种满足一般日用的财货需求与劳动需求的共同体。在自给自足的农业经济中,遇到紧急的状态,极端的匮乏与危机而有非常需求时,其中很重要的一部分必需仰赖超越家共同体之上的共同体行动,亦即'邻人'(Nachbarschaft)。"

而事实是,中国的这种传统意义上的村落共同体已经随着社会变迁发生了巨大的变化。在通往现代化、城市化的路途之中,乡村社会完全处于被动地位。当田园牧歌、温情脉脉的村落文化在日益衰落之时,伴随的还有人们价值观念的巨大变化,在这个转型的过程中,旧有的社会规范不断受到冲击,而新的社会规范体系尚待建立。新旧规范的矛盾对立,必然造成社会规范和价值观念在指导人们思想和行为上的多元性和模糊性的倾向。身强力壮的劳动力到城市打工挣钱,已经远离乡村生活,对于当下的乡村文化生活秩序而言,他们处于一种不在场的状态。而传统乡村文化的代表——年长者,则因无法适应社会的发展而沦为乡村社会的边缘人物,乡村本土文化秩序处于迅速瓦解之中。更为关键的是乡村文化价值体系的解体。求富裕成为乡村人压倒一切的生活目标,利益的驱动几乎淹没一切传统乡村社会文化价值,经济成为乡村生活中的强势话语,乡村生活逐渐失去了自己独特的文化精神内涵。这种乡村社会衰落和文化解体的局面,有学者认为,乡村文化的城市取向造成儿童社会认同的迷失;乡村家庭文化传递功能消弱导致儿童社会化的不确定后果;邻里关系陌生化消弱了社区区域对乡村儿童的养育功能;不良文化的蔓延影响着儿童价值观和人格特质的形成①。从这个意义上也可以说,留守儿童问题,不仅仅是亲子分离造成的,也与乡村文化的衰落有关。并且,这些问题很大一部分并不是留守儿童群体独有的,也是众多农村儿童共同面临的问题。

也有学者从社会教化的角度论述从村落的变迁所导致的乡村社会教化的衰落和缺失。在改革开放之前,由于社会教化有一定的承载体,内容也相对稳定,还存有类似族长主持祭祀、乡绅调停纠纷、村官广播宣传政策等相对稳定的教化形式,故社会教化实然存在,随着上述教化主体的消失或责任下降,社会教化剩下的就只有村民或族人的自律了。如果说建国 30 年间,村中的某些聚集地还是村中老少饭后茶余谈天说地的大众场所,人们还能在畅谈乡民日常琐事、听着村中某公讲述章回小说、看露天电影等活动中受到社会教化的话,那么随着人们生活水平的提高,电视机、影碟机等家用电器的广而入户及其他不同娱乐形式的出现,在形式上看似自由、多元、自律的民众生活背后,却无法掩饰其教化内容的苍白与无力,实则是一种典型的放任状态——既无外在约束,也无内在自律标准或评价准则,有的只是个体的为所欲为与肆无忌惮②。其实,这种教化在某种意义上是更大范围上的乡村文化的一个体现。而生活其间的农村儿童显然已经没有这样的生活体验和文化体验,这对于正处于早期社会化阶段的他们来说,生理、心理上都不够成熟,缺乏独立思考和判断的能力,大都以模仿甚至盲从的形式接受外界环境的影响,并对新奇的东西感受特别强烈,需要社会为个人早期社会化提供特定的条件:一是相对稳定、统一的社会规范和价值观念;二是令人敬佩的榜样或社会权威形象供以模仿。一般而言,当一个社会处于正常的发展时期时,可以为个人的早期

① 江立华:《乡村文化的衰落与留守儿童的困境》,《江海学刊》,2011 年第 4 期。
② 容中逵:《乡村社会教化的式微与再造》,《社会科学战线》,2011 年第 9 期。

社会化提供上述条件,而社会处于转型时期时,提供这种条件就受到了影响。

在人的社会化的过程中,文化的传递与承接是关键,而文化的内化则是实质,只有当一代人在成长过程中接触、领悟了社会文化,并将这种文化转化为自己的价值取向与行为习惯,社会化才显得有意义。在传统的农村社会,农村人口密度低,血缘、姻缘、业缘和地缘诸多关系,把人们紧紧联系在一起,形成一种差序格局;而生产方式与生活方式的高度相似,使得人们在价值观念上也有很大的一致性;还有,由于农耕生产受大自然的制约,人们普遍存在着敬天畏命和神灵崇拜的文化心理。在这样的环境中生活的青少年,其社会化的过程不能不打上农耕文明的烙印。随着产业结构的变化,现在农村人的居住方式和生活方式较以前发生了显著的改变。社会同质化的程度下降,社会流动加快,农村正从封闭性社会向开放性社会过渡。农村传统的礼仪、习俗不再被人重视,社会舆论对人的行为的约束力越来越小。生活在这样的环境中,儿童接受的教化不再千篇一律,各种观念对他们有所触动。

（五）功利主义价值观和物质主义消费风潮对乡村价值观念的影响

从更宏观的视野来看,农村儿童或者农村留守儿童虽然生活在迥异的城市环境中,但是城乡一体化的进程,农村由传统向现代的变迁,以及中国城镇的迅速城市化,乡村的儿童不再生活在一个封闭、传统的闭塞的传统社会。相反,由于大众媒介的普及,信息渠道来源的多样化,他们所接受的外部世界经验和信息刺激与城市儿童又存在着高度的相似性。所以,中国 30 年来的改革开放,体现在城市儿童价值观念方面的功利主义的价值取向以及物质主义的消费风潮,同样在农村儿童或者留守儿童那里有所体现。

中国的改革开放,使得社会的经济导向在某种程度上从以往为了求生存变成现代的为了追求个人的理想实现。正如美国著名的民意测验专家杨科洛维奇(Daniel Yankelovich)所指出的,现代人的生活有了"新的人生哲学",人们比较少有自我否定的态度,比较缺乏对社会的忠诚度,对于与传统职业道德相关的价值观,也比较不重视。相对地,人们倾向于追求个人的权利、欲望以及幸福感,较重视与个人理想实现相关的道德价值观①。时代的功利性语境构成了针对现代人价值和理想的巨大解构力和吞噬力,传统的精神似乎正在发生某种扭曲。一部分青年人功利主义色彩越来越重的原因,乃是整个社会消费主义文化取代了带有革命色彩的理想主义文化之后,并没有提供更好的新理想主义价值体系,从而使青年文化中呈现出功利主义的一面。虽然这种改变影响到的是各种年龄的个体,但是,年轻的下一代在一开始就接受这样的社会趋势,以至于造成青少年将这些价值观视为理所当然。在当今农村,农民向城市流动,部分是出于市场经济的推动,而农民的流动又进一步在农村强化了市场力量,社会的各个领域越来越受到市场法则的支配,金钱逐渐成为衡量一切的标准。同时,社会的评价体系也在发生改变,这种所谓的社会性价值的体现,就是农民可以从邻里、朋友和人际关系中获得社会承认与社会评价,及他们对这种承认和评价的自我感受。现在能否赚到钱或者说能否赚到大钱成为评价一个人是否成功的标准,农村盖房炫富以压倒别人的心理都是这种功利主义价值观的生动体现。

同时,社会的大规模变迁造成了家庭型态的改变。例如,父母离异、单亲家庭、留守家庭等。这些家庭的孩子较少受到父母的关注,而且在年幼时就要面对较大的压力及挫折,这些问题造成了这些孩子无法在家庭中正常地学习到传统的社会规范、道德观,并且成为比较不受保护的青少年群体。

物质主义风潮的影响也给儿童和青少年的价值观及心理带来

---

① http://140.115.107.17。

影响。现今的消费市场上,儿童或者青少年已成为主要消费群的一部分,成为杂志、服饰、化妆品、体育用品及各式各样产品的诉求对象,造成现代年轻人为了满足各种物质的需求而追求高社会经济地位,成为拜金主义者。而且,有时候消费成为一种身份的象征,儿童会在对产品的消费上因为虚荣心而互相攀比。相比之下,那些出身贫苦的儿童则变得更加孤立、格格不入,感觉到被社会遗弃。在18世纪英国和19世纪美国的商业革命中,经济结构的重组、新式的富裕生活以及商品销售方式的变革,同时也造就了使儿童和青少年成为消费者的机会。但是,在先行发展的资本主义国家,这一进程是缓慢的,而且阶级特征非常明显,最初只是少数特权阶层与城市中产阶级的子女构成了第一代儿童消费者的主体①。而在中国,这一进程是急剧的,诸多研究也表明,留守儿童家庭由于父母外出务工,在经济条件上好于其他农村儿童,同时,父母也因为不能陪伴儿女的补偿心理,常常在物质的消费上给予留守儿童更大的自由,这在某种程度上也助长了其物质主义的消费倾向。

（六）媒介在社会变迁中的角色

随着现代大众传播媒介的发展,电视、网络等对儿童和青少年的影响越来越大,如前文所述,新媒体的蓬勃发展甚至改变了他们的社会化范式。此外,电视对乡村文化的消解力量也是隐形而又强大的。柯克·约翰逊在《电视与乡村社会变迁——对印度两村庄的民族志调查》中,分析了电视对印度乡村的影响。首先是电视对家庭结构和家庭活动的影响。人们通过电视节目来判断时间,作息时间也根据电视而安排;改变了男人和女人之间接触的机会,同时也改变了人际关系,过去用作重要的人际交流的时间如今被花在看电视上了;孩子们比过去玩得少了,多看了不少电视。总之,电视的出现改变了印度乡村家庭的生活面貌。而在社会变迁

---

① 戴慧思、卢汉龙:《中国城市的消费革命》,上海社会科学院出版社,2003年。

上,电视被看作乡村社会变迁的动力:在经济领域,电视助长了消费主义精神;虽然电视在某些方面使传统乡村生活贬值,但它同时从另一方面加强了传统的农业文化;电视增强了城市的吸引力;电视拓宽了创业基础。在社会领域,电视是重构人际关系的一个重要因素;在电视尚未普及的最初阶段,电视拓展了人际关系的数量和类型;电视增加了晚婚倾向和儿童的物质欲望;电视促进了社会地位评价体系从家庭出身到个人成就的改变;电视影响了传统的年龄和性别关系的变化;电视有助于促进村民接受新的价值观和标准,并促进对变化的开放态度。在政治领域,电视影响了乡村政治面貌的改变;电视使信息弱势处于更不利的地位;电视初步影响了有关种族关系的观念;电视威胁了传统领袖的地位。柯克·约翰逊认为,电视在很多方面改变了乡村文化,它成为乡村生活的一个新的中心,补充到传统制度之中,后者包括家庭、宗教、农业和传统的领导权,它的影响几乎触及到该社区的每一个角落,但是电视的结构性影响的大小和持续时间仍然有待确定①。

　　国内也有学者通过田野调查考察了媒介和乡村社会变迁的关系,我们从郭建斌对有关电视和独龙族社会变迁的研究中可以窥见一斑。他在《电视、象征资本及其在一个特定社区中的实践——独乡个案之田野研究》一文中指出,在没有电视机以前的独龙族人家,夜晚的生活是以火塘为中心展开的,在这样的"火塘文化场"中,火塘具有十分神圣的地位。独龙族认为,每个人家的火塘是连接天上与人间的唯一通道,很多传统的祭祀活动,均是以火塘为中心进行的。即便是在一个日常生活的场景中,围绕火塘所进行的交流也是最经常、最大量的。在这种交流中,所使用的语言是本民族语,交流是一种多项互动的过程,交流着的内容是与当地人的生

_____

① 柯克·约翰逊著,展江、张金玺译:《电视与乡村社会变迁——对印度两村庄的民族志调查》,中国人民大学出版社,2005年。

产、生活密切相关的东西。在有了电视机以后，虽然有不少人家也把电视机摆放在火塘边，但是这时的火塘较之于没有电视机时的火塘已经发生了根本性变化，由于一种全新的权力关系的介入，使得这一表面上还有几分相似的"火塘文化场"发生了彻底的变化。在这一新的"火塘文化场"中，火塘的神圣地位正在淡出，作为一个宏观权力系统终端的机器占据了新的"火塘文化场"的中心位置，一种世俗化的权力关系改造着原有的植根于亲缘和传统信仰的权力关系，使用的语言是当地很多人都听不懂但是也无法作出选择的官方语言。他在独乡期间观察到，电视连续剧是很多当地人每晚看得最多的内容，对于这类节目中最常见的武打、亲密等象征符号，当地人向笔者转达的是：影响不好，尤其是对小娃娃。有了电视的火塘，传统的火塘正失去着它往日的温情，人与人之间的交流，正在被人与机器的交流所替代，通过这部机器传递着的，是一个统一复制的没有语言和文化内涵差异的"狼外婆"的故事①。

如前文所述，我们说乡村社会已经发生了巨大的变化，传统意义上的乡村文化正在衰落，处于现代和传统转型中的乡村社会的人际关系、价值评价体系、社会结构、家庭结构、权利关系、政治面貌等也都在发生着如柯克·约翰逊对印度和郭建斌对中国乡村社会考察所观察到的变化，传媒如电视在其中起到了不可小觑的作用，这一变化对农村儿童和农村留守儿童的影响是巨大的，这一社会变迁正发生在他们社会性发展的关键时期。大众媒介社会化机制的扩张和传统社会化的机制的消弱相互作用，在某种意义上改变了乡村的社会文化和儿童社会化的环境。本研究正是以媒介为进路，结合上文所分析的农村留守儿童所处的制度、结构以及文化的生存图景，来探讨媒介与农村留守儿童社会化之间的关系。

---

① 郭建斌：《电视、象征资本及其在一个特定社区中的实践——独乡个案之田野研究》，中华传媒网，http://academic. mediachina. net/article. php? id＝5519。

第三节　研究设计和研究方法

一、研究目的和内容

媒介在儿童社会化发展的过程当中起着重要的作用,随着传播技术的快速发展,信息方式的变化对儿童产生的影响是多层面的、深刻的。对于农村"留守儿童"这一特殊的群体来说,他们使用媒介具有怎样的特点? 是什么样的因素影响了他们的需求和选择? 媒介在其社会化过程中产生了什么样的影响? 有什么意义? 内在规律和未来趋势如何? 学校、家庭以及社会管理者该如何应对? 这些是我们要研究的问题。

探讨"留守儿童"的媒介使用及其影响,了解我国农村留守儿童的生存环境和发展状况,对于我国目前急剧变动的社会中的某些现实问题的解决具有重要意义,一方面信息方式的变动及其快速发展,改变着未成年人社会化发展的模式。尤其对于家庭教育缺失、缺乏父母亲情的"留守儿童"来说,研究这一内容,对于加强未成年人的思想道德教育具有重要的意义;此外,"留守儿童"是我国城市化进程中,社会结构转型过程出现的新群体,他们在生存发展中面临着教育、生活、心理、安全等突出问题,他们的健康成长,将对社会产生深刻的影响。从大众媒介的角度来关注研究"留守儿童"问题,使"留守儿童"问题的分析和解决有了一个新的视角,这对构建和谐新农村,构建和谐社会也具有迫切的现实意义。

本研究主要探讨大众媒介包括新媒介对农村留守儿童的社会化影响,所以,主要建立起媒介接触行为包括时间、内容和农村留守儿童社会化之间的关联。此外,通过与非留守儿童之间的比照,也考察人口背景变量诸如是否独生子女、年龄、父母教育程度、学校关系以及家庭关系等对媒介接触行为以及社会化状况的影响。

另外,由于农村家庭媒介资源拥有的特殊性,电视依然是对农村儿童成长影响深刻的大众媒介之一。本研究主要探讨媒介对农村留守儿童的社会化影响,作为一个媒介效果研究,通常我们关注的都是媒介所产生的效果以及影响效果的因素。而对于研究对象如何处理媒介信息,并进而产生效果的前提机制缺乏关注。所以,在本研究中主要针对电视的认知模式,对农村留守儿童进行测量。本研究试图以电视为例,建立起这样的研究框架,即:由认知心理学理论出发,通过与农村非留守儿童的比较,从知识结构及其认知模式的基础,探讨留守儿童在处理电视信息时是否存在一套特殊的认知机制,并分析这个群体特殊的心理机制、生活环境等因素是如何影响于此的,然后再分析概括其电视接触行为并进而建立与其社会化结果的相关分析。

具体说来,研究的目的和内容有:

(1) 农村"留守儿童"的媒介(包括新媒体如网络)的一般使用行为(如时间、内容类型);

(2) 由认知心理学理论出发,通过与农村非留守儿童的比较,从知识结构及其认知模式的基础,探讨留守儿童在处理电视信息时是否存在一套特殊的认知机制,并分析这个群体特殊的心理机制、生活环境等因素是如何影响于此的,同时分析电视文本的对话特质;

(3) 各种媒介对农村留守儿童的社会化影响。接触媒介的时间、内容等行为,对农村留守儿童包括性格特征、生活技能、成人意识、社会交往、道德行为规范、生活目标、消费观念等社会化过程的影响;

(4) 分析传统的大众媒介与新媒介之间,在传播过程当中形成了怎样的互动关系,信息方式的变动是如何作用影响于农村留守儿童的社会化过程的;

(5) 针对研究结果，为相关部门的决策提供建议：发挥媒介对农村"留守儿童"的积极影响，需要社会、政府、学校和家庭共同建设新型的社会控制机制；加强对农村儿童的媒介素养教育，丰富农村儿童的媒介使用类型和内容，引导媒介政策向弱势群体倾斜，由社会监督，共同构建和谐、健康的媒介文化等。

二、研究设计和测量方法

本研究选择 A 地区和 B 地区作为受众调查的实施地点。主要基于这样的考虑：首先，A 地区是我国的一个农业大省，外出务工人员的比例较高，留守儿童的群体也比较庞大；B 地区作为一个西部地区，具有一定的代表性，两地合起来总体上可以代表中、西部农村。其次，国内已有部分研究关注到媒介与西部地区发展的关系，作为比较，可以考察是否同其他地方有相异之处。

同时需要说明的是，本次研究的对象是 6 到 18 岁的农村儿童，如前所论，这个年龄阶段的儿童在社会心理发展阶段的特征是不一样的，所以，在实际调查中，我们把它分为 6 到 11 岁的儿童，12 岁到 18 岁的青少年两个年龄段，并施以不同的调查问卷，这两份调查问卷有重复的部分，也有不同的地方。同时，辅之以对调查对象、调查对象的监护人、教师、政府教育部门人员的访谈，共同构成此次研究的基本方法。

受众调查基本内容如下：

1. 调查对象和方法

此次调查以 A 地区和 B 地区的农村作为调查点，依据经济发展水平，分别抽中了 A 地区的 D 地区、N 地区和 C 地区三地，并分别进入到 D 地区的 G 县、C 地区的 F 县和 N 地区的 I 县进行调查，最终选取了 H 高中、T 中学、S 中学作为调查对象，共同构成了本次调查对象为 12 到 18 岁的农村青少年的调查样本；在 B 地区抽取了 E 地区的四个乡的小学生作为调查对象，同时与 F 县 M 镇的 L、Y、Z 小学以及 G 县的 K 小学共同构成了本次调查对象为 6 到 11 岁农村儿童的调查样本。

2. 调查内容

受访者人口社会背景资料。包括性别、年龄、是否留守、是否独生子女、父母的教育程度、家庭关系、学校关系等。

受访者媒介接触与使用情形。调查涉及到漫画书、杂志、报纸、课外书、广播、电视、电影碟片、手机和网络等媒介,并在此基础上就受访者对各个媒介的接触与使用情况进行详细提问,共包括以下四项:

(1) 媒介的接触量,即受访者平均每天接触媒介的时间。

(2) 对媒介节目类型、内容的偏好。主要把各种媒介的类型进行分类,让受访者从中选择自己喜爱的类型。此外,还让受众填写出个人最喜爱的位于前三位的电视剧、动画片和电视节目的名称、经常阅读的报纸名称、最喜爱的课外书名称、杂志名称、最喜爱的漫画书和漫画书里的角色;喜爱的电影碟片以及明星和网站、网络游戏的名称,以进一步把握受访者的节目内容偏好的详细情况。

受访者的社会化状况。具体有以下几项:

性格与行为特征　这是青少年社会化状况最基本的体现。本研究根据现有研究的结果并结合青少年的实际情况,选取了是否合群、依赖心理强、胆小、任性、勤快、有主见、娇气、善于与人交流、孤僻内向、自卑、抑郁、易冲动、有爱心这 13 个基本的方面作为指标进行测量。测量方式是要求被调查者在成对的性格和行为特征中选择自己更接近的方面。评分等级依照非常符合、比较符合、不太符合、不符合和很不符合,分别赋值 1、2、3、4、5,在对题项进行处理后,皆为反向题目,得分越低,性格特征越偏向负面。

生活技能　儿童时期社会化的一项重要内容是学习和掌握一定的生活技能。生活技能可以从两方面来理解:一是基本的生活自理能力,二是初步的谋生技能。本文研究的是第一方面,具体题项是独自理发、独自看病、骑车上街、独自乘车、帮家人照看更小的孩子、照顾生病的家人、帮助家人做家务、自己整理床铺。评分等级依照非常符合、比较符合、不太符合、不符合和很不符合,分别赋值1、2、3、4、5,得分越低,生活自理能力越强。

道德行为　主要测量其社会规范,由于社会规范内容十分丰富,本研究结合儿童学校生活的特点,选取了遵守纪律、讲究文明礼貌等14项指标进行测量,评分和赋值方式同上。

社会交往的观念　社会交往是个人社会化发展状况的一种衡量指标。本研究根据研究对象的实际情况和所处的环境,主要测试的是青少年交往的观念,包括交友的时候看重的是什么,分为讲情义、互相帮助、有钱、学习成绩好、长相好等选项;同时,也用与同学的关系、是否有孤独感、对新环境的适应等测试了其交往能力,评分和赋值方式同上。

社会交往能力　这个题目主要针对儿童阶段的受访者。由我与同桌的关系很好、我有伙伴一起上学、我能够很快结识新朋友和我经常参加伙伴的游戏等题项组成。评分和赋值方式同上。得分越低,交往能力越强。

生活目标　基本社会化阶段的成果之一是个人逐渐明确未来生活的目标。对于儿童来说,未来生活的目标集中地体现在他们对自己所要达到的教育程度和所希望选择的职业上。本研究用教育期望的指标来对此进行测量,把未来的教育期望分为初中、高中、中专、大专、大学和大学以上六个层次,并分别赋值1、2、3、4、5、6。

消费观念　如前所述,物质主义的消费风潮对农村儿童有深刻的影响,消费社会化是个人在直接和间接的消费活动中,通过与特定社会环境因素的相互作用而逐步习得消费者行为的过程,儿童消费社会化伴随着儿童年龄的增长和相应社会认知能力提高的过程。儿童获得消费者角色意识和习得消费者角色行为,即进行消费社会化。而儿童的许多消费信息和观念都是通过大众传播媒介习得的。所以,本研究通过对受访者消费观念包括个性消费、炫耀消费、品牌消费和节俭消费四个维度的测量,来测试受访者的消费观念。

电视认知模式 受众在面对电视媒体时所具备的相关知识和认知结构,可以称作电视认知模式。本研究通过 52 道题目测量受访者的电视认知模式(详见附录 1)。

3. 数据统计

本次调查所得数据均采用 SPSS11.5 版软件进行统计处理。

4. 对概念的操作性界定与说明

父母的教育程度 社会经济地位的代表指标主要有教育程度、职业、收入三项,但采用教育程度时主要是父亲和母亲的教育程度作为主要指标,也可以用以代表受访者家庭的社会经济地位。原因是本研究主要针对农村儿童,所以,其父母身份均为农民。其次,受访者均为儿童或青少年,他们在家庭尚无经济的独立地位,对家庭收入未必清楚,即使清楚,一般也都拒绝回答;同时,根据《当代中国社会地位阶层研究报告》称:目前中国的社会阶层分化的特征是,经济地位与社会地位(书中特指阶层成员的教育程度)趋于一致。[1]

在调查中,我们主要询问受访者家长的学历,分为未上过学、小学、初中、高中、大学共五级。我们在研究中根据需要将不同文化程度的受访者分为高、中、低三组:"高"代表高中以上学历者,"中"代表初中学历者,"低"代表初中以下学历者。

家庭关系 本题设置了五个题项,即家里人只关心我的学习;我很关心我的家庭;在家里,我感觉不愉快;我与家人相处得很融

---

[1] 陆学艺主编的《当代中国社会地位阶层研究报告》,科学文献出版社,2002 年,第 31 页。

洽;爸爸和妈妈的关系不好;然后分为很不符合、不太符合、一般、比较符合和非常符合五种情况,并把反向题目作正向处理,让受访者在符合自己的情况下选择并进行赋值:5代表很不符合,4代表不太符合,3代表一般,2代表比较符合,1代表很符合,这样的话,分值越低,代表受访者与家庭的关系越融洽。同时,为了在以后的分析中考察家庭关系这个变量的影响,按照赋值得分的结果,把受访者与家庭的关系分为好、一般和不好三个类型,其中,得分1—2.8的代表好,2.81到3.8的代表一般,3.81到5的代表不好。

学校关系 本题设置了五个题项,即我在我们班很愉快;在班里我是个受欢迎的人;在班里,我是个很重要的人;老师认为我是个好学生;我讨厌学校。赋值方法同上。

心理孤独感 留守儿童有别于其他乡村儿童之处就在于家庭中父母的亲情缺失,这种缺失对正处于心理依赖期,尤其是低龄的留守儿童的影响比较明显,孤独感是他们在心理上比较显著的特征。本研究以心理孤独感测试留守儿童的心理机制。

第三章　农村留守儿童的媒介认知模式
——以电视为例

在电视对儿童的影响或者效果研究中，无数的研究事实表明，观看电视已成为儿童社会化的机构之一，与家庭、学校并驾齐驱，共同建塑着儿童的世界观。综观这些研究的思路，正如台湾学者吴翠珍所言：大都从宏观角度，假设电视内容与儿童观后立即对应行为有相当程度的关联性；或者截断传播链的两端，只就电视文本加以分析归类，辅以儿童电视观看时间，或节目类型偏好，便据以概判。另一端，则依据使用与满足的论点，检视儿童电视观看的动机或人格特质，反向推论儿童的心理变项与其电视内容需求的互动关系。对于这些"效果"产生的前提——儿童究竟如何处理电视信息，则缺乏探究与阐述①。英国学者 Hall 也曾指出，任何传播信息在能被认定为"有效果"，被"使用"，获致"满足"，甚或被储存而后再被检索应用之前，应经由接收者对信息有意义解读后，方能产生。也就是说，儿童并不是被动的收看者，他们自有一套意义建

---

① 吴翠珍：《儿童之电视释义基模初探》，《新闻学研究》，1995 年第 48 期，第 1—41 页。

构的机制,而这与他们对电视的认知活动是密不可分的。

本研究选取了 6 到 11 岁的农村儿童作为研究对象来考察他们的电视认知模式,其原因有二:其一,有数据表明,电视在中国城市家庭中的占有率高达 98%,即使是农村地区也达到了 90%以上。在网络迅猛发展的背景下,相比城市儿童,农村儿童拥有较少的网络媒体资源,电视的影响力也就更加凸显。多项实地调查结果也显示,电视依然是中国农村儿童最经常接触和影响力最大的媒介(刘澜,2008;张轶楠、陈锐 2008;李永健、刘富珍,2007)。本次调查的结果也显示,电视仍然是中国乡村儿童接触率最高的媒介,达到了 95%以上。其二,6 到 11 岁的儿童如前文所述,正处于皮亚杰认知心理学观点所谓的具体运算思维期,即开始运思思考和可逆性的心智活动,开始比较有组织性、逻辑性的思考。而电视文本的特质是,它是一种非文字的媒介,主要通过视觉形象来传递信息,看电视就是一种单纯的依靠感觉的活动。在儿童收看电视的动机上,诸多研究也表明,更多的儿童是为了放松娱乐,阅读与其相比需要付出的是概念、判断、推理等较高级的认知行为,看电视只需凝视式的注意和较低级的认知行为。同时,电视制作者会运用技术手段,制造快速运动、时空快节奏、画面变化、音效、视觉戏法和视觉变化等编辑技巧,使电视声画并茂的特征淋漓尽致地展现出来,制造出吸引儿童的刺激效果。由于电视挟其视听双管齐下的传播性质,应用影像与声觉符号来传播多元的信息,受众不受识字能力或教育程度的限制。这一阶段的认知心理发展和电视文本特质之间的契合,使儿童很容易接受并迷恋电视。电视所提供的现实生活图景和经验远远超过了儿童真实的生活和生命的直接体验,缺乏判断推理能力的儿童很容易接受电视内容的影响,

儿童尚处于社会心理发展的不成熟时期,在面对电视文本时的信息处理也可能呈现不同的解读机制和知识结构。那么,儿童的电视认知模式如何? 哪些因素影响了其认知? 这是本文拟通过

实证调查研究要探讨的问题，也是我们进一步探索电视以及其他媒介对儿童影响研究的起点和基础。所以，本章内容将首先就媒介素养的理论内涵以及测量进行概述，然后在此基础上对农村留守儿童的电视认知模式进行测量并分析其影响因素。

第一节　媒介素养和电视素养

电视认知模式实际上就是解释观看者"看什么？如何看?"的问题，也就是观看者处理电视信息时的内部认知活动或者说是观看者解读电视信息的知识结构。本文旨在对媒介和素养概念的理解基础上，对媒介素养的内涵作一阐释，并结合本文的研究目的，界定本研究电视认知的具体内涵和测量。至此，就不能不提到媒介素养(media literacy)和电视素养(television literacy)。

一、媒介素养

媒介素养概念的复杂之处在于，它几乎包罗万象。个体从认知到行为都可以看到媒介素养的踪影，这一点在电子媒介时代尤为明显①。克莱斯特和波特认为，要想对媒介素养下一个定义，就必须进行一系列的概念化的界定，因为他所试图涵盖的两个领域，"媒介"和"素养"都是十分宽泛的概念，媒介素养既可以被视为一个公共政策领域的议题，也可被视为一个文化批判的议题，它是中小学教师们第一套教育工具，也是一系列为父母提供的儿童教育的忠告，是麦克卢汉式的语言，也是基于生理、认知、人类学等多个不同学科理论提出的学术质疑;有关媒介素养的讨论既着眼于一个国家一种文化环境的特殊性，也着眼于多个国家和不同的文化

---

① 陆晔:《媒介素养:理念、认知、参与》,经济科学出版社,2010年。

环境的共性和比较,既关涉对大众媒介内容的阐释,又关涉文本脉络和意识形态、关涉媒介机构,也关涉受众①。

首先,对素养的概念该如何理解呢?

根据《韦氏新世界字典》(Webster's New World Dictionary,1988：789)指出,素养(Literacy)是指涉读、写的质量或状态,再则如使用计算机的各类知能或才能。换言之,"素养"即有关运用文字的能力,但也包含其他方面的知识才能。Kress 认为素养包括下列三种意义：

1. 从一个符号系统译码为另一个符号系统。

2. 在特定符号系统中,其独特的精神、物质,以及意义形式的呈现与纪录系统。

3. 意义制造与再制的可能性,而此可能性的产生是媒介特质与其符码的效果。

从 Kress 的定义可明显发现,他所强调的素养不仅限于一个符号(媒体)系统,而是各符号系统内的意义呈现,以及符号系统间的意义传输。也就是说在现代多元媒体(符号)系统的社会中,人的符号素养范畴已超越以文字素养为主②。

在早期以印刷媒体为基础的读写领域中,素养(literacy)被解释为运用文字的能力,也就是个人能了解文字的内涵意义,并以书写或口述的方式加以呈现；但随着科技进步与传播媒体的发展,素养的概念也随之起了变化,形成当今阅听大众素养的知能逐渐地由文字推展至声音及影像,也就是拥有掌握各种信息的知识与技巧之能力。

此外,素养(literacy)这个词在中文译名方面出现一些不同说法,有使用"识读"来表示,也有学者将"media literacy"译为"媒体公民教育"。到底应该采用何种说法较能适切地表达其意涵？学

① 陆晔：《媒介素养：理念、认知、参与》,经济科学出版社,2010 年。
② 吴翠珍：《媒体教育中的电视素养》,《新闻学研究》,1996 年第 53 期,第 39—59 页。

者余阳洲提到,"识读"一词在字面上是最接近"literacy"的用语,亦即读写能力的展现,但毕竟"识读"对于社会大众而言是一新创词汇,在多数民众不熟悉的情况下,要推广媒体识读教育实有其窒碍难行之处;此外"素养"虽然已经是一现成的词汇,但并非日常生活中的用语,一般民众难以自行领略其应用在传媒领域中的确切意义;最后谈到"媒体公民教育"的意涵在于,媒体教育的目的不只是培养能够理性管理自己的阅听人,目标应该置于造就具备集体意识,能够积极参与公共论述的社会成员[①]。

当我们对"素养"的理论内涵进行梳理后,似乎再加上"媒介"二字,就可以对"媒介素养"的内涵有一个确切的理解,但是学者陆晔却认为,正是对"媒介"概念的理解,才最终决定了媒介素养的内涵。她认为素养是一种"有知"的状态和能力,媒介素养则可以被笼统地看成是公众使用、分析、评价和创造媒介内容的能力。但是,不同的人立足于不同的媒介观,或者说,你认为媒介是什么,你所观察到的媒介与社会的关系如何,你对于媒介的期许如何,你就会对媒介素养有何种理解。少有人将需要格外澄清的概念重心放在"媒介"二字上。而实际上,关于媒介素养至少有三种不同的定义,其差异恰恰在于人们所理解的媒介这一概念大不相同。如果大众媒介被视为传递信息的工具和平台,那么媒介素养的重点就会被框定在对媒介内容素养的需求上,由于媒介内容不仅包含信息,还包含主题、思想、价值观、意识形态等,因此媒介内容素养最重要的方面莫过于对媒介信息内容的解读。如果不同的媒介被理解为不同的语言系统,报纸、广播、电视等都有自身特殊的意义和表达逻辑,那么所谓的媒介语法素养就格外重要[②]。

媒介素养这个概念可以上溯到文化素养。英国学者利维斯和

---

① 马瑜婷:《国小教师电视素养知能之研究》(硕士论文),国立台东大学教育研究所,2008 年。

② 陆晔:《媒介素养:理念、认知、参与》,经济科学出版社,2010 年。

他的学生丹尼斯·桑普森在 1933 年出版的著作《文化和环境：培养批判意识》中，提出了文化素养的概念。他们认为，在媒介发展的新时代，传统的文化概念已经不再使用，文化素养的含义在变化，随着媒介技术的飞跃和人类对媒介认识的深化，媒介素养的内涵也在不断变化，图像素养、电视素养、计算机素养、信息素养和网络素养等概念相继得以提出和关注。在《文化和环境：培养批判意识》一书中，著者指出新兴的大众传媒(电影)在商业动机的刺激下所普及的流行文化，往往推销一种"低水平的满足"。这种低水平的满足会误导社会成员的精神追求，尤其会对儿童与青少年的成长产生各种负面的影响，并由此提出媒介素养的概念。媒介素养经过逐步地演变和充实，已经发展成一个内涵丰富的概念。

1992 年，美国媒介素养研究中心将媒介素养定义为：媒介素养就是人们面对媒介各种信息时的选择能力(ability to choose)、理解能力(ability to understand)、质疑能力(ability to question)、评估能力(ability to evaluate)、创造和制作能力(ability to create and produce)以及思辨的反应能力(ability to respond thoughtfully)。2001 年美国媒介素养联盟提出：简而言之，媒介素养使人们一方面成为具有批判意识的思考者，另一方面，在一个日益广泛应用图像、语言和声音传递信息的时代成为有创造力的生产者；广义上，在北美，媒介素养被看成是一系列传播能力的组成，包括获取、分析、评价和传播信息的能力，而这些信息形式多样，包括印刷和非印刷信息。美国的这两种表述，侧重于人对媒介信息的认知过程，从而强调媒介素养是一种包含诸多内容的综合性能力[1]。

加拿大媒介素养教育的发源地、安大略省的《媒介素养资料索引》则认为，媒介素养是帮助学生对大众媒介的本质特征、大众媒介所使

---

[1] 陶新艳：《论媒介素养和当代未成年人的社会化》(硕士论文)，湖南师范大学，2006 年。

用的技术以及这些技术的影响培养一种明智的、批判性的理解力。

学者鲁宾认为媒介素养有三个层面,即能力模式、知识模式和理解模式。能力模式,指公民所具有的获取、分析、评价和传输各种形式信息的能力,侧重的是对于信息的认知过程。知识模式观点认为,媒介素养就是关于媒介如何对社会产生功能的知识体系,其侧重点是信息如何传输。而理解模式的观点声称,所谓媒介素养就是理解媒介信息在制造、生产和传递过程中受到来自文化、经济、政治和技术诸力量的强制作用,侧重的是对于信息的判断和理解能力①。

海外以及大陆的学者在引介理论、实证研究以及实践行动的研究过程中,也各自阐释了对媒介素养的理解。

台湾政治大学传播学院媒体素养研究室把媒体素养界定为:指大众能解读媒体、思辨媒体、欣赏媒体,进而利用媒体来发声,重新建立社区的媒体文化品位,并了解公民的传播权利和责任②。

陆晔认为,媒介素养作为现代社会公民素养的组成部分,是一个内涵丰富的概念,但其核心在于批判性思维的媒介认知过程——所谓素养是一种有知的状态和能力,媒介素养则可以笼统地堪称公众使用、分析、评判和创造媒介内容的能力③。

张志安、沈国麟等认为,媒介素养是指人们对各种媒介信息的解读和批判能力以及使用媒介信息为个人生活、社会发展所用的能力④。

董建文认为,在信息时代,媒介素养不仅包括判断信息的能力,还包括有效地创造和传播信息的能力,是个体在现代社会必须学习和具备的一种能力⑤。

---

① 蔡帼、张开、刘笑莹:《媒介素养》,中国传媒大学出版社,2006 年。
② 陆晔:《媒介素养:理念、认知、参与》,经济科学出版社,2010 年。
③ 同②。
④ 张志安、沈国麟:《媒介素养:一个亟待重视的全民教育课题——对中国大陆媒介素养研究的回顾和简评》,《新闻记者》,2004 年第 5 期。
⑤ 董建文:《香港地区中学媒介素养课程的实施策略评析》,《中小学电报》,2006 年第 10 期,第 76 页。

倪琳认为,媒介素养教育的目的就是教导学生如何与传媒打交道,怎样认识、分析、运用和监察大众传媒。一方面培养学生成为有思想、有品味的传媒接收者,另一方面鼓励学生监察和改善传媒,做既有责任感又有批判能力的传媒反馈者。参考英美国家的经验,媒介素养教育需要根据年龄划分教学内容:小学阶段主要是了解事实与虚构、辨识广告与节目形态等;初中阶段开始传授拍摄、剪辑等硬技术的同时,逐步培养批判能力;大学阶段将从社会制度安排等更为宏大的主题进行引导与思辨①。

而陆晔从媒介素养的全球范式转移对其发展历程进行了总结和概括,从这一发展历程中,我们也可以清晰地看出媒介素养的内涵变化。她把媒介素养概括为四个范式的转移:

第一个阶段是1930年代的保护主义立场。一些学者如刘易斯和杰里将这一范式称为源自1930年代英国传统的利维斯式的观点,即认为大众媒介只能提供低水平的满足、造成当代文明与传统文化之间的断裂,因此,批评意识的训练能够在公众提升对大众媒介的辨别力方面起到积极作用。同样是基于保护主义范式,但却与利维斯的精英文化视角不同,美国媒介素养教育立足于道德维护立场,视大众媒介为传播不良意念和诱导劣行的罪魁祸首,对其传播性和暴力方面的负面影响以及刺激消费主义和功利主义方面的作用,表现出极大的担忧,因此提升公众的免疫力首当其冲。第二阶段是1960年代以来强调对媒介内容的选择和辨别力。第二代范式认为并不是所有的媒介内容都是有害的,关键是如何引导受众进行明智的选择,在接触媒介时,取其精华去其糟粕。第三阶段是1980年代对媒介文本的批判性解读。第三代范式认为媒介素养的首要任务是培养批判解读能力。自1980年代以来,在西欧、北美等国家媒介素养教育开始进入正规教育体制的同时,对以

---

① 倪琳:《迷失在媒介图景丛林中的无助小孩》,中国青少年研究网。

大众媒介为主体的文化工业批判的声浪也日益高涨。在这样背景下，媒介素养教育的一个重点，在于揭示大众，媒介文本建构的媒介真实与现实世界的差异性，以及文本暗含的主流意识形态是如何麻痹受众的。第四阶段是 1990 年代以来的参与式社区行动。近年来，对媒介文本的批判性解读遭到了来自理论和实践的双重挑战。第四代范式的主要内涵是参与式的社区行动，即由对媒介的批判性思考转为通过"赋权"促成健康的媒介社区，而非仅仅指责媒介的不是。波特发展了批判性解读，提出了媒介素养认知理论，将研究重点放在了头脑复杂和大脑信息处理方面[①]。

从这四次的范式转移，可以看出媒介素养的内涵和特征处于不断的充实和变化之中，从对大众媒介负面作用的批评，到如何提升对媒介的辨别力，再到批判性的解读，直到最近的赋权的参与式实践行动，其最终的意义在于成为现代民主社会公民素养和公民教育的一部分。所以，在某种意义上，这也是中国近十年媒介素养逐步从理论引介到实证研究再到实践行动的过程，其重要性日益引起各方的关注的一个重要原因。

因为媒介素养的范式在几十年间有过四次转移，所以各个研究者对其概念也是莫衷一是，很多的研究是出于自身的需要而选择其中适合自己的内涵理解。但是从以上的文献分析中，我们还是可以看出，媒介素养的核心在于受众如何批判性地解读信息，这与其会受到什么样影响、并如何通过赋权来进行参与实践行动能力是密切相关的，或者说这是前提和基础。

同时，我们也看到，大陆最近几年来关于媒介素养的实证研究开始增多，通过规范的调查方法，开始描述和分析中国不同类型受众的媒介素养状况，这是我们开展媒介素养的学校教育和参与式行动的前提，只有在了解他们基本的媒介素养现状的基础上，才能

---

① 陆晔：《媒介素养的全球视野与中国语境》，《今传媒》，2008 年第 2 期。

对媒介素养的理论内涵和实践行动有进一步的拓展。这也是本文进行研究时的重要参照资料。下面对此进行一个概述：

2000年，上海团市委在《2000上海青年发展报告——传媒力量与当代青年》的报告中专门研究了青年的媒介素养问题，并且采用了定量的方法得出结论，青年对媒体的理性认识有所欠缺，对媒介道德的认识不足①。

周葆华在《媒介信息处理及相关因素：中国公众媒介素养基本现状》中，主要就受众如何处理所接触的媒介信息（特别指向是否具有质疑和批判意识），以及在多大程度上介入到媒介内容的生产和创造两个维度进行了实证研究。因为研究在北京、广州、上海和西安四地展开，所以，研究关注了城市差异以及媒介素养的影响因素。调查结果显示：中国公众拒绝、质疑媒介信息和观点的平均程度要高于进行深入思考和核实查证的程度。同时，公众对媒介生产内容的介入意识也比较低，利用传媒表达观点、维护个人利益和服务社会，还远远未成为公众普遍的选择；主动的媒介信息处理能够更积极地使用媒介和更积极地参与媒介；政治认知能力更强的个体、开放型的人际讨论模式、海外媒介和网络新闻对媒介信息处理的影响显著，对媒介参与意向几无影响；关注报纸新闻更利于培养信息处理能力，关注电视新闻有助于促进媒介参与影响，娱乐性内容无助积极的信息处理，但是有助于受众的媒介参与。这个研究虽然是从受众的个体层面进行的，但是正如作者所言，对媒介素养的分析，绝不应该仅仅停留在受众个人的微观层面，现有的研究是基于目前既定的媒介体制框架和政治经济权力的分布结构，分析这个情境之下的受众特征和认知、行为，但同时也应该思考社会结构，所面对的媒介组织与之关联。

---

① 《2000上海青年发展报告》，http://www.why.com.cn/zuzhizhuanqu/yanjiu/5.htm。

近几年来,针对大学生群体的媒介素养调查研究也比较多。如一项关于西安大学生媒介素养状况的调查针对大学生的媒介资源利用能力和批判能力进行了实证研究,结果显示:第一、当代大学生在接触媒介的过程中具有明确的目的性和较强的功利性,呈现出一种富于理性的动机结构。第二、当代大学生对报纸、广播、电视、网络等各种媒介形式均有良好的驾驭能力,以多种媒介形式作为自己的信息来源已成为绝大多数大学生的生活现状。对网络这一新兴媒介形式,大学生更表现出出色的接受能力和驾驭能力。第三、对于传播学者深为忧虑的"客观现实虚拟化为媒介现实"的问题,当代大学生表现出对两种现实的自发性辨别意识和辨别行为。与此相应,大学生对大众传媒中诸如暴力等内容的影响也具有一定的抵制能力。同时也发现,当代大学生具有的媒介素养尚处于自发状态。也就是说,大学生不是通过科学的媒介理论指导以及系统的训练获得媒介素养,而是在日常媒介接触经验的基础上,通过个人的直觉感悟来培养自身的媒介素养。这种自发状态最直接的后果是当代大学生媒介素养层次水平低。集中体现在大学生虽然能够快速、便捷地获取信息,但却无法对媒介传播信息的方式及信息本身做出更为准确的评价,无法将自身的信息需求与媒介所提供的内容有效联系起来,使得他们不能有效地辨别信息的价值,也因此不能充分有效地利用媒介资源[1]。另一项在上海大学生中进行的调查得出的结论是,在媒介接触消费上,大学生对各类媒介的消费普遍在中度水平,媒介接触较频繁。其中对网络的消费接触较为突出。此外,大学生把了解信息作为其媒介消费的最主要动机,但对娱乐类型的媒介内容最为喜爱。上网时也常常出现盲目被动消费的情况。在媒介认知理解上,对大众传媒的

---

① 鲍海波、杨洁、王喜严:《象牙塔里看媒介——西安大学生媒介素养现状调查》,《新闻记者》,2004 年第 5 期。

范畴有较明确的认识,对主要媒介内容有基本的了解,但对传媒历史的了解不多,还有58%的人对相关法规不够了解。大学生对传媒的商业属性有比较清醒的认识,对受众在传播中的能动地位认识不足。此外,大部分大学生能意识到传媒对自己知识结构、观点思维方面的影响,不过相对忽视传媒对价值观等其他深层次的影响。在媒介的评估判断上,大学生对媒介的表征和建构能力缺乏足够的判断和警惕。在认识倾向上,主张媒体自由独立而少些政府调控,支持走传媒市场化路线,并且主张媒介去意识形态化。在媒介应用制作上,大学生获取利用信息还不够积极主动,参与媒介互动和媒介内容制作的人数比例也很低。不过,网络媒体的出现降低了受众参与门槛,扩大了大学生媒体参与的空间①。

也有针对小学生群体的媒介素养实证调查。倪琳运用问卷调查法对上海三至五年级的小学生的媒介素养总体水平进行测试,具体在6个方面的内容展开调查,即:了解并辨识广告;区别新闻中反映的社会真实与建构;理解节目的形态(如纪录片、新闻、电视剧),了解电子媒介与印刷媒介的区别;对自己的电视观看行为有所了解并给予评估;新媒介、网络基本技巧;网络安全与礼仪。小学生的媒介素养现状如下:(1)不加批判地将新闻内容完全等同于真实社会;(2)媒介内容形态的真实与虚构成分混沌不清;(3)网络安全教育的强化开始束缚网络技能的拓展;(4)对广告策略有较强认知,但理性消费意识却相当薄弱;(5)书包里的新成员:个人化新媒介取代传统玩具。这些结果表明上海小学生媒介素养在广告策略辨识、新媒介使用技能方面得分较高,但在新闻真实与社会建构、理性消费等方面得分非常低。这种现象说明我国当前媒介教育重技术,轻内容;重操作,轻思考。对于"培养具有相当批判能力、以及学会独立思考媒体信息的未来公民"的媒介素养

---

① 刘佳:《上海大学生媒介素养现状调查报告》,《新闻记者》,2006年第3期。

教育理念缺乏深刻认识①。

这些研究在对媒介素养进行具体测量的时候,针对不同的受众群体各有侧重,但是都包括了对媒介的运用能力、处理媒介信息的能力以及参与媒介活动等内容。

但是针对媒介素养的受众调查,总的来说,"定性分析多、定量调查少,虽然 2000 年以后一些机构对青少年的媒介素养进行了调查,但整体说来,这方面的调查仍然非常缺乏。学者们对媒介素养和媒介素养教育的研究,基本上停留于定性分析和主观评述。"②而且,在对中国各种类型受众的媒介素养状况的调查中,针对农村儿童的研究还比较匮乏。所以,本研究把研究对象定位为农村留守儿童,通过考察其电视认知模式以窥视其电视素养,并分析何种因素影响了这种状况。

二、电视素养

(一)电视素养的概念和意涵

电视素养一词的要义,源自图影素养的孕育,二者之间存有不可分割的关系。visual literacy 可解释为"图影素养"或称为"图影识读能力",前者之使用在于陈述图影素养的意涵,而后者则强调应具备的能力。而图影的范围可包括静态之图、画、相片与动态之影像。吴翠珍把它归纳为四个领域:语言学、心理学、哲学及艺术研究。语言学的主要着眼点,在于引用模拟的法则试图连结语文与图影的关系。部分语言学家认为,语文既有其结构与组成的要素与原则,视觉语言(visual language)也必然有其功能类似的结构法则与元素。哲学家以哲学的角度,对于视觉语言与文字语言(visual vs. verbal language)之相互模拟的适当性,予以肯定与支

---

① 倪琳:《迷失在媒介图景丛林中的无助小孩》,中国青少年研究网。
② 张志安、沈国麟:《媒介素养:一个亟待重视的全民教育课题——对中国大陆媒介素养研究的回顾和简评》,《新闻记者》,2004 年第 5 期。

持。心理学家对于图影素养概念的探讨尤其多元，不仅有学者由左脑与右脑功能的实验研究、心理生理（psychobiology）、生物回馈论（biofeedback）等角度，给予图影素养的意念注入生物学的基础观点。晚近认知心理学派对于语文讯息与图影讯息处理与储存的现象，亦有不可忽视的贡献。而艺术研究中，以"图影思考"（visual thinking）的相关研究对于图影素养能力本位的轮廓厘清居功至巨。特别强调个体对于颜色、形状、线条等可视化信息的处理能力，并对符号在特定文化、社会地位所代表的意涵加以探究①。

Hortin（1980）认为，图像与影像，如同语言和文字一般，有特定的文法与结构，而所谓具有图影素养能力（或素养）的人，应该具备：（1）了解图影，具有"阅读"视觉语言的能力；（2）能使用视觉符号，从事"写（创）作"图影的能力；以及（3）能以可视化的方式处理讯息，并能从事可视化思考。Hortin 在于强调译码与编码两种能力同等重要。美国学者 Wagner（1991）则指称，图影素养是一种综合的能力，意指人类对于图影的流动、主体与符号所象征的意涵能够加以辨识（指客观认知）与了解（指主观赋予个别化意义）。Hefzallah（1987）认为，电视素养的基本核心概念在于对电视内容的了解，因此，在观看电视的同时必须从批判性的角度出发，能够分析电视内容并区辨真实与虚构的差异，最后理性地分配并管理电视收看的时间。

电视素养一般而言涵盖在媒体素养的能力范畴内，而媒体素养的发展以平面文字媒体——报纸及杂志为先例，其后随着声音及影像媒体的出现进而增加了对影音符码的素养，20 世纪 30 年代电视工业兴起后，媒体素养关注的焦点逐渐转移到电视方面，近年来所论及的媒体素养，大多偏向于电视素养。因此许多学者在

---

① 吴翠珍：《媒体教育中的电视素养》，《新闻学研究》，第 53 期，第 39—59 页。

探讨电视素养时,常引用媒体素养的内涵来解释之①。

马瑜婷认为,除了"电视素养"的用法外,批判性接收技巧(critical receivership skill)、批判性观看技巧(critical viewing skills)以及批判性电视评估技巧等,这些词汇皆指出受众在接触电视时所应具备的基本能力,而当中最主要的内涵由字面上即可得知,那就是"批判"的态度。因此,电视素养知能的培养及训练,大都以"批判能力"的观点出发,希望能帮助受众发展出抗拒电视的自我操纵能力。电视素养内涵应包括对于电视观看行为的自发性监督,特别是拥有分辨电视节目内容中的媒介真实与社会真实的能力,同时进一步洞察电视信息的劝服本质,最上层的意义在于了解电视媒介生态与组织如何操纵意见市场与形塑文化的互动关系。所以,电视素养即代表受众在面对电视媒体时所应具备的相关知识②。

饶淑梅认为,面对媒体或电视时,人们应该具有批判性电视观看的能力,并能理解信息中所隐含的意义,籍此分析和评估信息。所以,在实践层面上,C. Corder-Bolz 认为电视素养包括:了解电视节目制作;熟悉常用的形式;认知节目与商业信息之间的明显或潜在的主题;以艺术形式欣赏电视。吴翠珍认为,电视素养在具体实践面上所涵盖的层面呈现出制作技术、符号表征与社经影响三个轴心的立体三度空间的多重交错议题③。

吴翠珍概括了诸多学者对电视素养能力的分析:

1. Ploghoft 与 Anderson(1982:4-5)指出电视接收技巧包括五部分:

　　○　区辨讯息;

---

①　马瑜婷:《国小教师电视素养知能之研究》(硕士论文),国立台东大学教育研究所,2008 年。

②　同①。

③　吴翠珍:《媒体教育中的电视素养》,《新闻学研究》第 53 期,第 39—59 页。

音讯息,特殊的结构文法加以连结、产生所欲表达的意象,进而形成特定的视觉语言、听觉语言与结构语言。

(2)电视内容之外延意义

电视符号所建构的第一层意义为真实与虚幻间的转换,包括了对于电视内容的叙事内涵、产品促销、形象塑造、情境意识与暴力呈现等的区辨与理解。

(3)电视内容之内涵意义

系指电视符号所建构的第二层意义,为一种潜藏、不易被察觉的意识形态,此种意识形态来自于文化所赋予的价值系统,系由媒介组织与文本制产者经由组织与选择后所建构而成,其中充斥了所谓刻板印象、劝服意图与电视工业特殊的经济结构等。

此量表所包括的内涵较偏向于微观层面的电视意义的了解,也就是将重心置于儿童的心理层面,探究儿童基模的发展是否足以区辨电视所呈现出的意识形态。这显示出电视素养的意涵不再只是基本地了解电视制作技术,而是随着电视工业不断地精致化发展之后,受众必须拥有深入解构、再建构电视所透露或形塑出的特有符号的能力。

2. 周慧美(1999):电视识读能力问卷

此问卷主要依据英国电影学会(British Film Institute)的22位教师对媒体识读课程所界定的内涵编制而成,量表施测对象为台南、高雄县市国小2、4、6年级学生。主要分为6项类目共55个题目,依序为:

(1)电视机构

谁是文本的制造者?他们的立场及意识形态为何?是否与某一政党有关系?节目是否公正客观?他们做某一节目的意图及结果为何?节目制作与厂商之间的关系又如何?

(2)电视节目类型

辨别电视节目中不同的形态及样式、建立区分节目类别的依据,并分析不同种类的节目如何对我们造成影响。

（3）电视科技

了解节目制作时运用哪些科技最有利（如以布景代替真实的场景、以剪接来造成时空交错的幻觉等）；如何运用这些科技（如化妆技术、计算机合成、配乐、特殊效果等）；使用不同制作过程得到的效果也会不同（如不同的音乐可以产生恐怖的、浪漫的、或哀凄的各种不同气氛）。

（4）电视语言

媒体如何产生讯息（如电视节目中的讯息包括视觉符号、听觉符号以及结构符号的使用）；媒体的符码（codes）和其使用规则（conventions）为何等等。

（5）电视观众

电视节目制作者如何决定主要收视群？如何掌握观众的兴趣与需要？根据哪些调查方式可以了解节目的收视率？观众如何选择消费、对节目的意见如何回馈给制作单位？制作节目时如何兼顾不同种族、性别、文化的团体？

（6）电视再现

电视文本和实际场所、人物、事件、想法是否相同,亦即电视内容的呈现是否公平、客观？对于不同种族、性别、文化的团体是否存有刻板印象的描述？各群体出现的比例是否合理？节目内容是否考虑到大众的需要？是否能避免与政党、政府、商业团体产生利益纠葛？

3. 倪琳针对上海中小学生的调查主要涉及的内容是：了解并辨识广告；区别新闻中反映的社会真实与建构；理解节目的形态（如纪录片、新闻、电视剧）,了解电子媒介与印刷媒介的区别；对自己的电视观看行为有所了解并给予评估；新媒介、网络基本技巧；网络安全与礼仪。

4. 美国教育部拨款委托西南教育发展实验室（SEDL）、非营利性纽约市公共电视台 WENT‑13、远西教育研究发展实验中心 (Far West Laboratory for Education Research and evelopment,简称 FWL)、波士顿大学公共传播学院(the School of Public Communication at Boston University)四个机构,分别针对儿童(幼儿园—四年级)、国中(5—8 年级)、高中(9—12 年级)、成人(中学后,以及成人)等四个不同年龄阶段开发适龄的"批判性电视观看技巧"(Critical Television Viewing Skills,简称 CVS)课程与教材,并于 1982 年完成。对于儿童阶段的要求是:

(1) 了解并辨识广告的心理影响;

(2) 区辨事实与虚构;

(3) 辨识与理解不同或相对观点的呈现;

(4) 理解电视节目的型态与内涵,如戏剧、纪录片、公共事务讨论、新闻等;

(5) 了解电视与印刷媒介之间的关系;

(6) 区分节目的元素(如配乐、特效、化妆、布景、道具等);

(7) 对自己的电视观看行为有所了解并给予评估。

第二节　农村留守儿童的电视认知模式

而对于受众的媒介素养如何进行测量,大陆最近几年也有若干研究针对大学生、青少年、城市市民进行的实证调查,但在测量指标上并没有统一的标准,也没有形成较为规范的量表。台湾学者针对小学生、初中生、高中生、教师以及其他成年人的媒介素养调查,则有几个普遍性测量指标的量表出现,但是也未获得一致,各量表也因为编制者理念的差异而形成不同的内涵架构。因为本文所探讨的主要是儿童的电视认知能力和知识结构,所以,重点介绍已有的研究中针对小学生和初中生的有代表性的电视素养测量指标,并引发出本研究的可操作性的测量量表。

综合以上测量量表以及课程要求的内容,此次研究所调查的对象主要为年龄从 6 岁到 11 亦即处于小学阶段的中国乡村儿童。所以,本文主要参照朱则刚、吴翠珍等人的儿童基模量表。朱则刚、吴翠珍等人从电视的语言内容、功能和社会重要性角度出发,把电视论域分为形式结构、内涵意义和外延意义。形式结构即电视节目中所出现的影像及声音信息,是以特殊的结构文法加以连结、产生所欲表达的意象,进而形成特定的视觉语言、听觉语言与结构语言;外延意义即电视文本的呈现,就其直接的表征意义而言,电视符号所建构的第一层意义为真实与虚幻间的转换,包括了对于电视内容的叙事内涵、产品促销、形象塑造、情境意识与暴力呈现等的区辨与理解;内涵意义即电视符号所建构的第二层意义,为一种潜藏、不易被察觉的意识形态,此种意识形态来自于文化所赋予的价值系统,系由媒介组织与文本产制者经由组织与选择后所建构而成,其中充斥了所谓刻板印象、劝服意图与电视工业特殊的经济结构等。据此,问卷的架构以儿童较常接触的节目类型包括广告、新闻、戏剧、儿童节目、综艺为横轴;纵轴则分为外延意义包括有叙事内涵、产品促销、形象塑造、情境虚拟、暴力呈现;内涵意义则分为电视工业、刻板印象和劝服;形式结构包含视觉符号、听觉符号和结构符号。以上的题项又由事实和意见两部分组成,事实即儿童对电视认知程度的高低,意见即儿童对前面事实部分的看法和意见。

在何种因素影响了儿童或者青少年的电视素养中,诸多学者的研究结果表明:年龄、性别、收看电视的时间、电视内容偏好、共同观看、父母的文化程度以及创新特质等都是影响儿童电视认知能力的显著要素。

根据文献探讨和研究目的,本研究参照吴翠珍等人的研究量表,并对题项有所删减,但基本构架相同。同时,根据大陆语言的表达习惯和考虑到低年级学生的理解能力,对部分题项的表达重新进行了组织。由于这是一个探索性的研究,本文没有对三大项目进行细分,而是直接分为事实和意见两个部分,共获得 36 个题目以测量事实,16 个题目以测量意见(注:具体内容见附录 1)。得分越高,对电视的认知程度越高。同时,提出以下研究假设:

假设 1-1 不同年龄的儿童在电视素养的认知能力上达到显著差异。

假设 1-2 不同性别的儿童在电视素养的认知能力上达到显著差异。

假设 1-3 父母教育程度高低不同的儿童在电视素养的认知能力上达到显著差异。

假设 1-4 是否独生子女在电视素养的认知能力上达到显著差异。

假设 1-5 收看电视时间不同的儿童在电视素养的认知能力上达到显著差异。

假设 1-6 部分节目内容偏好不同的儿童在电视素养的认知能力上达到显著差异。

一、研究对象和抽样方法

本研究的对象为 A 和 B 两地区的乡村儿童。采用多阶段的随机抽样方法,依据经济发展水平,分别抽中在 A 地区和 B 地区处于中等发展水平的 C、D 和 E 地区作为第一级样本,然后同样依据经济发展水平中等的原则,在 C 地区和 D 地区分别抽中 F 县和 G 县。再根据两个县学校的分布状况以及农村儿童就读学校状况,运用简单随机抽样分别最终抽取了 G 县的 K 小学、F 县 M 镇的 L、Y、Z 小学和 E 地区的四个乡的小学的调查样本,共 171 份问卷,构成最终样本。

针对小学阶段的儿童,考虑其理解力尚嫌不足,采用访员直接进入教室、现场讲解问卷并当场回收的方式。调查于 2011 年 7 月、8 月分别于 A 和 B 两地区实施,共发放样本 200 份,获取有效样本 171 份,样本有效率为 81.5%。

二、描述性资料分析

(一)人口背景资料描述

调查数据显示,男孩和女孩的比率分别为 44% 和 56%,非独生子女的比率是 78.7%,留守儿童的比率为 47%。调查对象年龄从 6 岁到 11 岁不等。受访者在电视媒介的拥有量方面差别不大,农村儿童家庭的彩色电视机的占有率高达 95.3%,其次是电话(92.4%)、VCD 或 DVD 机(71.3%)、电脑(46.2%)、收音机(28.1%)、电子游戏机(22.8%)、数码相机(22.2%)和 DV 或摄像机(17.5%)。超过 75% 的儿童父亲和母亲的受教育程度在初中以下。受访者的家庭关系和学校关系的均值得分分别为 1.98 和 2.09,由此可以推断,受访者的家庭关系、学校关系都较好。

(二)电视收视行为

调查显示,6 至 11 岁农村儿童电视的接触率高达 94.2%;在收视时间上,超过一个小时的比例高达 70%,看电视的时间段主要集中在半小时到一小时以及两小时以上两个时间段,分别达到 32% 和 28% 的比例。从绝对的收看电视时间上,与以往的调查结果相比,两小时以上的收视程度并不严重。但是,考察一下受访者可以自由支配的时间,就可以发现大部分的儿童的自由支配时间在一到三小时以内,所以,这样的收视时间说明,看电视已经成为儿童课余生活的重要内容并占据了其课余的主要时间。而在经常从事的课余活动中调查结果也显示,比例高低依次是看电视(65.4%)、做作业(62%)和和朋友或家人出去玩(24.6%),也就是说,大部分的受访者的课余活动就是看电视。

通过均值得分,我们发现,留守儿童比较喜爱的电视节目是动画片、综艺节目、少儿节目和电影;不太喜欢的节目是新闻、戏剧曲艺;其他的都介于喜欢和一般之间。将留守儿童与非留守儿童进行对比发现,他们对电视节目的好恶基本相同,并无太大差异(见表3-1)。

表3-1 留守儿童和非留守儿童对电视节目内容偏好的均值得分比较

		新闻	科教节目	动画片	谈话评论	生活服务	综艺娱乐	少儿节目	电视剧
留守儿童	Mean	3.14	2.44	1.73	2.79	2.57	1.95	1.94	2.60
非留守儿童	Mean	3.15	2.52	1.63	2.36	2.39	2.03	1.93	2.58
		纪实节目	财经报道	广告	戏剧曲艺	法制节目	体育节目	电影	
留守儿童	Mean	2.86	2.93	2.74	3.30	2.90	2.27	2.00	
非留守儿童	Mean	2.63	2.57	2.53	2.86	2.77	2.19	1.93	

(三)乡村儿童(留守儿童)的电视认知程度

在探讨各个变量的影响力之前,首先描述受访儿童在事实部分问题总分的分布情形以及意见问题的情况。

1. 事实问题部分的得分(见表3-2)

从下表可以看出,没有全部答对的受访对象,最高得分34分,最低得分1分,50%左右的儿童的得分集中在10到20分之间。非留守儿童的最高得分是34分,留守儿童的最高得分是32分。总体来说,儿童的电视认知程度并不高。

表3-2 全体儿童、留守儿童和非留守儿童的电视认知程度情况

	题 数	平均分数	最高分	最低分	差 距
全体儿童	36	13.1	34	1	34
留守儿童	36	12.3	30	1	29
非留守儿童	36	14.6	34	2	32

2. 意见部分的情况

将留守儿童与全部受访儿童在意见部分的情形进行对比,比较有明显差异的题目是"电视广告常说某糖果、饼干或饮料添加了营养成分,多吃对我们有益"和"只有用动作比如打人才算一种暴力的行为,骂人则不算是暴力的行为"。其他题项留守儿童和全部受访儿童的意见分布比例基本相当(见表3-3)。

表3-3 留守儿童和全部乡村儿童在意见部分的情况(%)

		同意	不同意	不知道
电视广告常说某糖果、饼干或饮料添加了营养成分,多吃对我们有益	非留守	17.8	40.7	41.5
	留守	9.9	37.0	53.1
电视广告如果说某药很好,那么生病时我们可以直接到药房买这种药来吃	非留守	7.6	50.8	41.5
	留守	7.4	50.6	42.0
一位很有名的人说他相信某项产品很好,那么这项产品一定很好,名人是不会骗人的	非留守	7.6	48.3	44.1
	留守	4.9	48.1	46.9
在电视上做广告的产品,会比不做广告的产品品质好,值得信赖	非留守	12.7	35.6	51.7
	留守	11.1	37.0	51.9
电视剧中常有演员演爱抽烟角色,所以那个演员不演戏的时候,也一定爱抽烟	非留守	10.2	48.3	41.5
	留守	8.6	45.7	45.7
在电视剧中,男主角的父亲被仇人杀死了,那么他去报仇是正当的行为	非留守	17.8	38.1	44.1
	留守	22.2	28.4	49.4
电视节目中的争吵、打架情节次数远多于我们日常生活中的实际状况	非留守	22.9	28.0	49.2
	留守	16.0	34.6	49.4
电视剧中好多的争吵、打架的情节,都是剧情一定需要的	非留守	29.7	31.4	39.0
	留守	25.9	28.4	45.7
在我们日常生活中的小鸟可以像卡通影片中的小鸟一样,飞得比飞机快	非留守	6.8	53.4	39.8
	留守	4.9	38.3	56.8

		同意	不同意	不知道
卡通中的男生通常比较强壮,不需要别人帮助,因为事实上男生都这样	非留守	13.6	46.6	39.8
	留　守	9.9	44.4	45.7
如果某电视剧需要工程师角色,导演应该找男生来演	非留守	18.6	39.0	42.4
	留　守	21.0	28.4	50.6
只有用动作比如打人才算一种暴力的行为,骂人则不算是暴力的行为	非留守	18.6	41.2	39.8
	留　守	7.4	45.7	46.9
电视新闻有时会替自己或别人做广告、做宣传	非留守	19.5	33.1	47.5
	留　守	16.0	38.3	45.7
电视剧的收视率好,电视台的老板会要再多演几集或拍续集,通常都说是服务观众,实际也是这样的	非留守	16.1	28.0	55.9
	留　守	21.0	23.5	55.6
综艺节目中常有观众鼓掌叫好,是因为现场节目很精彩	非留守	42.4	26.3	31.4
	留　守	40.7	24.7	34.6
广告中球员穿了某厂牌的球鞋就跳得高,我们如果买同样的鞋子穿,也可以和他跳得一样高	非留守	3.4	67.8	28.8
	留　守	1.2	65.4	33.3

三、电视认知模式的影响因素

如前文的文献综述所述,人口背景变量和媒介接触行为是影响儿童或者青少年电视认知状况的主要影响因素,所以,本文重点考察年龄、性别、父母教育程度、是否独生子女、留守与否、电视接触时间和内容偏好对电视认知模式的影响。

(一)人口背景变量和电视认知(事实和意见)的关联

1. 人口背景变量和事实部分的关联

(1)性别

T检验结果发现,男、女受访儿童的电视认知得分在性别上无显著差异,也就是说,无论是男生和女生在电视认知程度上的整体表现基本上相差无几。

T检验结果,男、女受访留守儿童、非留守儿童的电视认知得分在性别上无显著差异,也就是说,无论是男生和女生在电视认知程度上的整体表现基本上相差无几。

（2）年龄

年龄与受访儿童的电视认知程度呈显著相关,也就是说,年龄越大,其电视认知得分也越高。年龄与留守儿童和非留守儿童的电视认知程度均呈显著相关,年龄越大,其电视认知得分也越高（见表3-4、3-5、3-6）。

表3-4　年龄与全部儿童电视认知程度的相关性检验

		电视认知程度	
年龄	Pearson Correlation	1	.229(**)
	Sig. (2 - tailed)	.	.003
	N	171	171

＊＊　Correlation is significant at the 0.01 level (2 - tailed).

表3-5　年龄与留守儿童电视认知程度的相关性检验

		电视认知程度	
年龄	Pearson Correlation	1	.252(*)
	Sig. (2 - tailed)	.	.023
	N	81	81

＊＊　Correlation is significant at the 0.05 level (2 - tailed).

表3-6　年龄与非留守儿童电视认知程度的相关性检验

		电视认知程度	
年龄	Pearson Correlation	1	.310(**)
	Sig. (2 - tailed)	.	.001
	N	118	118

＊＊　Correlation is significant at the 0.01 level (2 - tailed).

（3）是否独生子女

独生子女与非独生子女在电视认知程度上的均值得分几乎相等,经 T 值检验,无显著差异。但是,当我们对留守儿童与非留守儿童分别进行这个指标的测量时发现,留守儿童群体里面,独生子女和非独生子女在电视认知上呈现显著相关(见表 3－7);在非留守儿童群体内部,是否为独生子女与非留守儿童的电视认知无显著差异。

表 3－7　留守儿童是否为独生子女与电视认知程度的 T 检验

Mean		t	df	Sig. (2－tailed)
是	15.6	2.308	21.292	.031
否	11.5			

（4）是否留守儿童

留守儿童与非留守儿童在电视认知程度上的均值得分,非留守儿童的得分(14.6)高于留守儿童(12.3),但是,经 T 值检验,两者在电视认知程度上并无显著差异。

（5）父母的文化程度和电视认知程度均无显著相关。

2. 人口背景变量对所有意见问题的影响

（1）性别

在意见题项部分,1 表示同意,2 表示不同意,不知道则以缺省值处理。检验结果显示:

在留守儿童当中,性别与意见第 37 题"电视广告常说某糖果、饼干或饮料添加了营养成分,多吃对我们有益"有显著差异(见表3－8),女生的同意强度更显著。从同意的分布率看,男孩不同意的比例明显高于女孩(见表 3－9),似乎留守女孩比男孩更相信广告。而在非留守儿童当中,性别与意见第 42 题"如果某电视剧需要工程师的角色,导演应该找男生来演",T 检验显示,女生的不同意强度显著较强(见表 3－10)。从中可以看出,乡村儿童对电视节目的刻板印象,男生比女生更甚。

表 3－8　留守儿童性别与意见第 37 题的均值检验

Mean		t	df	Sig. (2 - tailed)
男	1. 31	2. 526	52. 805	.015
女	.69			

表 3－9　留守儿童性别与意见第 37 题的交互分析

			电视广告常说某糖果、饼干或饮料添加了营养成分,多吃对我们有益			Total
			不知道	同　意	不同意	
留守儿童	男孩	Count	7	4	15	26
		百分比	26. 9%	15. 4%	57. 7%	100. 0%
	女孩	Count	18	2	9	29
		百分比	62. 1%	6. 9%	31. 0%	100. 0%

表 3－10　非留守儿童性别与意见第 42 题的均值检验

Mean		t	df	Sig. (2 - tailed)
男	.67	−2. 583	72. 786	.012
女	1. 15			

(2) 年龄的影响

我们把年龄分为 6 到 8 岁和 9 到 11 岁两个阶段,相当于小学一年级到三年级、四年级到六年级的两个区间段,然后进行卡方检验,测量他们对电视认知的意见情况。

在留守儿童中,年龄与第 45 题"在我们日常生活中的小鸟可以像卡通影片中的小鸟一样,飞得比飞机快"呈显著相关性(见表 3－11、3－12),年龄越大,越不赞成此说法。

表 3－11　留守儿童的年龄与第 45 题的卡方分析表

	Value	df	Asymp. Sig. (2 - sided)
Pearson Chi-Square	7. 810(a)	2	.020

表 3 - 12　留守儿童的年龄与意见第 45 题的交互分析表

| | | | 在我们日常生活中的小鸟可以像卡通影片中的小鸟一样,飞得比飞机快 | | | Total |
			不知道	是	不是	
留守儿童	低年龄段	Count	13	1	1	15
		%	86.7%	6.7%	6.7%	100.0%
	高年龄段	Count	33	3	30	66
		%	50.0%	4.5%	45.5%	100.0%
Total		Count	46	4	31	81
		%	56.8%	4.9%	38.3%	100.0%

在非留守儿童中,年龄与"电视广告如果说某药很好,那么生病时我们可以直接到药房买这种药来吃"、"在我们日常生活中的小鸟可以像卡通影片中的小鸟一样,飞得比飞机快"、"电视剧中常有演员饰演爱抽烟角色,所以那个演员不演戏的时候,也一定爱抽烟"、"广告中球员穿了某厂牌的球鞋就跳得高,我们如果买同样的鞋子穿,也可以和他跳得一样高"等题项呈显著相关,年龄越大,越不赞成上述说法。

这些题目主要涉及到虚幻和真实以及广告产品促销,在这两方面,儿童的年龄因素影响较大。

（3）是否独生子女

经卡方检验,留守儿童中的独生子女与非独生子女与第 44 题"电视剧中好多好多的争吵、打架的情节,都是剧情一定需要的"、"在我们日常生活中的小鸟可以像卡通影片中的小鸟一样,飞得比飞机快"呈显著相关,非独生子女的不同意度显著较强;非留守儿童中的独生子女与非独生子女与第 49 题"电视新闻有时会替自己或别人做广告做宣传",独生子女的不同意度显著较强。

（4）留守与否

经 T 检验,留守儿童与非留守儿童在"在我们日常生活中的小鸟可以像卡通影片中的小鸟一样,飞得比飞机快"这个题目上的意见呈现显著差异,非留守儿童的不同意度更显著。

(5) 父母的教育程度

留守儿童与非留守儿童的父母教育程度均与题项"在我们日常生活中的小鸟可以像卡通影片中的小鸟一样,飞得比飞机快"呈现显著相关,而父母教育程度的影响力到底有多大,还有待于下面的进一步检验。

(二) 电视接触行为和电视认知(事实和意见)的关联

整体上看,儿童电视收看时间的多少与电视认知程度的高低并无明显的相关,也就是说,看电视多的儿童,不一定电视认知程度就高。电视的接触时间长短与对事实的理解即意见之间也均不相关。

关于电视节目内容偏好,检验结果发现,电视节目的内容偏好与电视认知程度的高低也没有显著相关性。但是在意见题项上,部分节目的内容偏好上显示了显著相关性。留守儿童与非留守儿童与意见题项呈现显著相关的情况如表 3-13、3-14。

表 3-13　留守儿童节目偏好与呈显著相关的意见题项之间的对应情况

	意 见 题 项
动画片	广告中球员穿了某厂牌的球鞋就跳得高,我们如果买同样的鞋子穿,也可以和他跳得一样高
少儿节目	一位很有名的人说他相信某项产品很好,那么这项产品一定很好,名人是不会骗人的
纪实节目	电视上做广告的产品,会比不做广告的产品品质好,值得信赖
	如果某电视剧中需要工程师的角色,导演应该找男生来演
广 告	一位很有名的人说他相信某项产品很好,那么这项产品一定很好,名人是不会骗人的

续　表

	意 见 题 项
体育节目	电视剧中好多好多的争吵、打架的情节,都是剧情一定需要的
电　影	电视剧中好多好多的争吵、打架的情节,都是剧情一定需要的
	在我们日常生活中的小鸟可以像卡通影片中的小鸟一样,飞得比飞机快

表 3-14　非留守儿童节目偏好与呈显著相关的意见题项之间的对应情况

	意 见 题 项
科教节目	只有用动作比如打人才算一种暴力的行为,骂人则不算是暴力的行为
	电视剧的收视率好,电视台的老板会要再多演几集或拍续集,通常都说是服务观众,实际也是这样的
动画片	在我们日常生活中的小鸟可以像卡通影片中的小鸟一样,飞得比飞机快
谈话、评论	在电视上做广告的产品,会比不做广告产品品质好,值得信赖
	电视剧中常有演员饰演爱抽烟角色,所以那个演员不演戏的时候,也一定爱抽烟
	卡通中的男生通常比较强壮,不需要别人帮助,因为事实上男生都这样
	电视新闻有时会替自己或别人做广告做宣传
	电视剧的收视率好,电视台的老板会要再多演几集或拍续集,都说是服务观众,实际也是这样的
生活服务	广告中球员穿了某厂牌的球鞋就跳得高,我们如果买同样的鞋子穿,也可以和他跳得一样高
综艺、娱乐	电视剧的收视率好,电视台的老板会要再多演几集或拍续集,都说是服务观众,实际也是这样的
少儿节目	在我们日常生活中的小鸟可以像卡通影片中的小鸟一样,飞得比飞机快
	综艺节目中常有观众鼓掌叫好,是因为现场节目很精彩
纪实节目	电视剧中常有演员饰演爱抽烟角色,所以那个演员不演戏的时候,也一定爱抽烟
	在我们日常生活中的小鸟可以像卡通影片中的小鸟一样,飞得比飞机快

	意 见 题 项
财经报道	电视剧中常有演员饰演爱抽烟角色,所以那个演员不演戏的时候,也一定爱抽烟
广告	在我们日常生活中的小鸟可以像卡通影片中的小鸟一样,飞得比飞机快
法制节目	在我们日常生活中的小鸟可以像卡通影片中的小鸟一样,飞得比飞机快
体育节目	电视剧中好多好多的争吵、打架的情节,都是剧情一定需要的
	只有用动作比如打人才算一种暴力的行为,骂人则不算是暴力的行为

(三)小结

总的来说,留守儿童与非留守儿童在电视认知程度上并无显著差异;年龄与留守儿童的电视认知程度呈显著相关,年龄越大,其电视认知得分也越高;留守儿童群体里面,独生子女和非独生子女在电视认知上呈现显著相关;性别和父母的教育程度与电视认知程度均无相关性。在有关电视认知程度的差异化影响因素当中,值得关注的一个研究结果是,在留守儿童群体里面,独生子女和非独生子女在电视认知上呈现显著相关,但是在非留守儿童群体里面,独生子女和非独生子女在电视认知上并没有显著相关。如前所述,留守儿童也分为很多种类型,以往的研究也表明,独生与非独生的留守儿童在很多方面也存在着很大的差异。

在意见题项部分,留守儿童与非留守儿童在"在我们日常生活中的小鸟可以像卡通影片中的小鸟一样,飞得比飞机快"这两个题目上的意见呈现显著差异,非留守儿童的不同意度更显著。在虚幻和真实的判断上,非留守儿童比留守儿童更明确。

在留守儿童当中,性别与意见第37题"电视广告常说某糖果、饼干或饮料添加了营养成分,多吃对我们有益"有显著差异,女生的同意强度更显著。广告的产品促销似乎更容易获得女生的信任。

在留守儿童中,年龄与"在我们日常生活中的小鸟可以像卡通影片中的小鸟一样,飞得比飞机快"呈显著相关性,年龄越大,越不赞成此说法。这个题目涉及到虚幻和真实,年龄越大,也越能够区分这一点。

留守儿童中的独生子女与非独生子女与"电视剧中好多好多的争吵、打架的情节,都是剧情一定需要的"、"在我们日常生活中的小鸟可以像卡通影片中的小鸟一样,飞得比飞机快"等题项呈显著相关,非独生子女的不同意度更显著。

留守儿童父母教育程度均与题项"在我们日常生活中的小鸟可以像卡通影片中的小鸟一样,飞得比飞机快"呈现显著相关。

从中可以发现,很多因素与"在我们日常生活中的小鸟可以像卡通影片中的小鸟一样,飞得比飞机快"这个题项呈现显著相关,总结起来可以说,年龄越小、父母教育程度越低的独生子女留守儿童更不能正确地区分电视中的虚幻和真实。

关于电视接触行为和电视认知程度高低以及对事实题项的理解之间的关联性,整体上看,儿童电视收看时间的多少、收看的内容与电视认知程度的高低以及如何理解并无明显的相关。但是在节目的内容偏好上有一部分节目显示了与留守儿童对电视的解读能力之间的相关性。

第四章　媒介对农村留守儿童的社会化影响

第一节　媒介对农村留守儿童的社会化影响：研究设计和基本假设

　　如前文所述，在目前所检索到的文献中，探讨大众媒介与儿童的研究以及专门探讨农村留守儿童社会化的研究都较多，并出现了许多富有启示意义和经验性研究的结论，这些研究为本研究提供了坚实的基础。但是从文献资料上来说，关于大众媒介与儿童的研究，也只有很少的研究专门提到了农村儿童，其中，专门针对农村留守儿童的研究就更少了。现有文献有浙江传媒学院课题组的《大众传播对农村青少年世界观的正面影响》；陆琳琳、李远煦、梁晓青等人的硕士论文《电视对农村儿童社会化的影响》、《电视媒介对农村留守儿童的社会化影响》、《广告对农村青少年的社会化影响》、胡翼青的《电视与留守儿童人际交往模式的建构——以金寨燕子河镇为例》等。这些研究通过实证调查，在掌握一手资料的基础上，分析了电视、广告等对农村青少年的道德社会化、社会交往、学习和娱乐等方面的影响。

其中,有少量的研究关注到了农村儿童以及农村留守儿童,下面着重介绍这几项研究的内容、方法和研究结论。

《广告对农村青少年的社会化影响——对湖北省当阳市中学生的调查》的研究在对当前传统社会化机制弱化、大众媒介社会化机制扩张的青少年社会化环境特征描述的基础上,通过个案研究,选取了湖北省当阳市中学生为调查对象,采用问卷调查和个案访谈的研究方法,考察了广告对农村青少年的社会化影响。在具体的测量中,把社会化的指标分为个性形成和发展、价值观和消费观、生活方式三方面。在综合以往关于广告对社会化影响的论述基础上,结合被调查对象的实际情况,具体将对个性的形成和发展的影响分为流行时尚意识、性格发展、创新意识;将对价值观和消费观的影响分为社会性别认知、主流价值观认同和高消费意识、消费选择;将对生活方式的影响分为积累生活常识、话语意识、权益保护意识和广告接受方式。在个案访谈上,主要针对广告和社会化方面的话题,与调查点的青少年进行了结构式访谈。

研究表明,广告对农村青少年的流行时尚意识、性格发展和创新意识的培养均有积极的影响,为他们现代意识的培养、现代生活的适应起到了重要作用。价值观方面,广告对青少年主流价值观的认同起积极作用,但是对传统的性别观念起到刻板印象的消极作用;在消费观方面,广告对消费选择有积极的作用,对农村青少年的高消费意识起消极作用;在生活方式方面,广告有助于农村青少年积累生活常识,改变话语意识和思维方式,培养消费权益保护意识和广告鉴别能力。同时,性别、年龄等社会人口背景变量对其社会化的某些方面也有影响[1]。

---

[1] 梁晓青:《广告对农村青少年的社会化影响——对湖北省当阳市中学生的调查》(华中农业大学硕士学位论文),2007年。

《电视对农村儿童社会化的影响——以山东省济宁市陆桥村为例》以一个村庄为考察对象,采取访谈法、参与观察法、文献法等方法对当地儿童看电视的情况进行了调查。主要涉及儿童看电视的时间、时限、对学习的影响、家庭教育状况、看电视的方式、看电视过程中与家长的沟通情况等,并根据受访儿童对电视的依赖性,把儿童分为理智型、沉迷型、梳理型三种类型。调查结果显示,不同家庭的教育方式影响了儿童对电视的依赖程度,同时,电视又对儿童社会化产生了极为重要的影响。并且在不同类型儿童、不同类型家庭里表现出不同的特点,这些影响主要表现在提供休闲娱乐信息,传授知识、生活技能、道德观念的培养、价值观的影响、家庭及社会人际交往的影响、暴力节目的影响、生活方式的转变等。具体表现为:电视作为娱乐工具,丰富了农村儿童的单调生活,电视在带给他们欢乐的同时也间接履行了道德教育、社会规范教育、知识传授等责任。但是也存在着不良影响,如电视节目的暴力内容增加了儿童使用暴力的倾向,电视阻隔了儿童与家庭及同龄群体等的人际交往,电视对儿童价值观的扭曲等。在影响因素的分析上,研究发现,不同家庭教育环境使得儿童对电视的依赖度有明显不同,反过来,电视对不同类型的儿童社会化过程的影响也有所不同。基本的情况是,与家长沟通越少的儿童越倾向于沉迷于电视,而电视对沉迷型儿童的影响也最为突出①。

《电视媒介对农村留守儿童社会化的影响研究——对湖北省武穴市龙坪镇留守儿童的实证调查》,采用问卷调查和个案访谈的研究方法,研究了电视媒介对农村留守儿童的社会化影响。研究认为,电视媒介作为一种重要的社会因素,在留守儿童的社会化进程中发挥了巨大的作用。

---

① 陆琳琳:《电视对农村儿童社会化的影响——以山东省济宁市陆桥村为例》(华中科技大学硕士学位论文),2009 年。

　　具体表现在,电视媒介强化了留守儿童已有的道德认知,同时,通过传播新的信息,改变了留守儿童从家长、教师方面获取的他们认为已经过时的道德观念;电视媒介有助于留守儿童做出正确的道德判断;与此同时,由于留守儿童观看电视节目类型趋同,使得朋友间的话题增多,他们的朋友数量增多;电视节目内容会刺激年龄大的留守儿童与异性交往的欲望,电视媒介取代了父母或教师对留守儿童的早期性教育。关于学习目的和理想,现实类的电视节目促使留守儿童向社会主流价值观靠拢,而非现实类的电视节目使得留守儿童的学习目的和理想出现多元化的趋势。在农村留守儿童的休闲活动中,电视是无可置疑的主角。电视媒介的单向传播方式和暴力内容对留守儿童的偏差行为起到了推波助澜的作用。电视接触的频度越高,农村留守儿童的交往地域范围则越狭隘,大部分留守儿童的社会交往范围局限于本村,而被电视卷入程度高的儿童,在选择交友上更现实化,除了情感因素外,更看重朋友于己的价值。良莠不齐的电视节目内容将可能带给留守儿童不可估量的后果。更为重要的是,由于父母常年不在身边,留守儿童较少有机会接触到先进的社会交往方式。由于父母外出打工,使留守儿童的学习失去了有效的监督,大部分儿童的成绩出现下降趋势,接触电视频度高的儿童成绩更差;并且电视媒介为留守儿童塑造偶像性重要他人(significant others),其中将那些外表靓丽帅气的明星作为偶像就体现了留守儿童对时尚与美的追求,但这也将对留守儿童的人生观和价值观产生双重的影响;第四,在传输信息、社会教育及角色培养等方面电视媒介对青少年的社会化有着不可或缺的作用,在某种程度上有着指导性、牵引性的价值。然而,随着资讯时代的全面拓展,电视媒介又有着它自身难以剥离的缺憾,在留守儿童的社会化进程中,信息过多过滥,容易造成青少年社会化的不平衡,信息的浊清并存等相关问题又有着相当程度的负面影响。同时,父母监护教育角色的缺失,隔代教育的弊端等,对留守儿童的健康成长都造成不良影响①。

《电视与留守儿童人际交往模式的建构——以金寨燕子河镇为例》选取安徽省金寨县燕子河镇的留守儿童为研究样本,观察分析了留守儿童的人际交往行为与电视收看行为,发现留守儿童的人际交往模式与他们在电视上接收到的相关信息具有一定的相关性,无论从形式的角度还是内容的角度,电视对留守儿童人际交往模式的建构以及更宽泛意义上的社会化毫无疑问有着重要的作用。但电视对儿童人际交往模式的建构往往受制于现实生活的具体情境。如何引导留守儿童使用电视建构积极的人际交往模式,意义重大。想让留守儿童能够建立积极的人际交往方式,提高周围人群——尤其是老师与家长——和留守儿童自身的电视素养,势在必行②。

在对以上研究的分析之后,我们发现,这些研究的共性是,都运用了比较规范的量化和质化的研究方法,选取的是某一村庄或者某个社区进行个案研究,选取的媒介对象主要是电视。而且,在个别研究中,选取的不再是社会化这个比较宽泛、笼统的概念,而是只选取了社会化的某个方面如人际交往的建构,这样的研究更加深入和细化。这些研究都注意到农村留守儿童的生存环境和乡村社会变迁中的变化给农村儿童带来的影响,结合着媒介的角色功能来共同探讨对其社会化的影响。

所以,根据以上相关文献的研究结论,本研究拟定探讨以下问题:

因为本研究所面对的是 6 至 18 岁的农村儿童,所以,本次问卷调查主要针对 6 到 11 岁和 12 到 18 岁的两个年龄段的儿童,所

① 李远煦:《电视媒介对农村留守儿童社会化的影响研究——对湖北省武穴市龙坪镇留守儿童的实证调查》(华中农业大学硕士学位论文),2007 年。

② 胡翼青:《电视与留守儿童人际交往模式的建构——以金寨燕子河镇为例》,西南民族大学学报(人文社科版),2011 第 10 期。

研究的问题既有相同之处,也有不同之处,下面分述之:

针对 12 到 18 岁的儿童,主要考察报纸、课外书、漫画书、电影碟片、广播、电视、网络、手机等媒介接触行为包括接触时间、接触内容偏好等对农村儿童社会化的影响,比较不同媒介的异同;社会化的具体内容包括性格和行为特征、生活技能、交往观念、道德行为规范、职业理想、消费观念等;同时也考察了人口背景变量包括性别、年龄、是否独生子女、父母文化程度、学校关系和家庭关系等的影响;在整个的研究过程中,贯穿着对农村留守儿童和非留守儿童之间的比较。研究构架如图一。

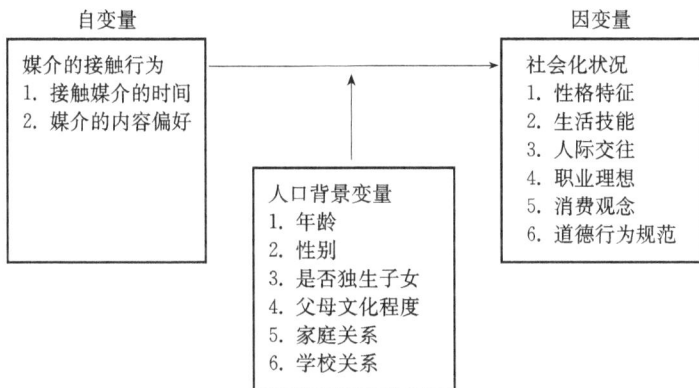

图一

研究拟用三个阶段进行分析:第一步分别考察儿童的媒介接触行为,并比较留守儿童和非留守儿童的异同,同时,分析人口社会背景资料的影响;第二步分析媒介接触行为与社会化之间的关联性;第三步建立回归方程式,找出对社会化最具影响力的变项。

针对 6 到 11 岁的儿童,考虑到其年龄还处于比较低幼的阶段,在生活、心理以及亲情上对父母或者说家庭的依赖更强。所以,研究假设他们存在着不同于其他儿童的心理机制(本研究主要用心理孤独感来进行测量),这种心理机制是如何影响其媒介接触行为和社会性发展的,或者说是否影响了媒介的接触行为进而间接影响了其社会性的发展。带着这样的研究假设,这部分的研究内容主要考察报纸、课外书、广播、电视、网络、手机等媒介接触行为,包括接触时间、接触内容偏好等对农村儿童社会化的影响,比较不同媒介的异同;社会化的具体内容包括成人意识、生活技能、人际交往、道德行为规范、职业理想等的影响;同时也考察了人口背景变量包括性别、年龄、是否独生子女、父母文化程度等的影响;在分析这部分调查对象电视认知模式的基础上,建立了留守儿童的心理机制、媒介接触行为、社会化影响三者之间的关系(上一章);在整个的研究过程中,始终贯穿着对农村留守儿童和非留守儿童之间的比较。研究构架如图二。

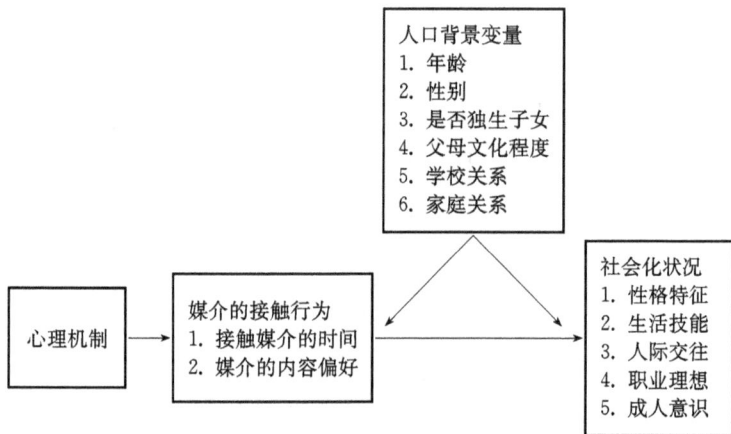

图二

研究拟用三个阶段分析媒介对农村留守儿童的影响:第一步考察儿童的媒介接触行为,并比较留守儿童和非留守儿童的异同,同时,分析人口背景变量的影响;第二步分析心理机制、媒介接触行为与社会化之间的关联性;第三步建立回归方程式,找出对社会化最具影响力的变项。

第二节　媒介对农村留守儿童的社会化影响——12 到 18 岁的年龄段

在本次调查中,人口背景变量主要考察受试者的年龄、性别、是否独生子女、父母的受教育程度、家庭关系、学校关系等。作为学生,其活动在很大程度上受到家庭和学校的影响,他们与家庭或者学校的关系如何,可能会影响到他们的媒介接触行为和接触的内容,从而影响其社会化状况,基于这样的假设,本次调查在人口背景变量中,特别加入了家庭关系和学校关系两项。

调查数据显示,男生的比例为 50.8%,女生的比例为 49.2%;非独生子女的比例高达 84% 以上;将近 50% 的家庭有父母在外打工;50% 左右的儿童父母的教育程度在初中水平。

农村青少年课余活动最频繁的三项活动是做作业、看电视和看课外书,所占比例分别为 63.6%、51.2% 和 42.3%。在家庭媒介拥有上,电视机的拥有比例在 97% 以上,留守青少年和非留守青少年在彩色电视机的拥有率上差别不大;农村家庭的电子游戏机、电脑、数码相机、摄像机或 DV 的拥有率都不是很高,彩色电视机、VCD 或 DVD 以及电话的拥有率都比较高;留守青少年和非留守青少年在电脑的拥有率上差别较大,达到了 20% 左右的差距(见表 4 - 1)。

表 4 - 1　受访儿童家庭媒介拥有率(%)

	黑白电视机	彩色电视机	VCD 或 DVD	电话	电子游戏机	电脑	收音机	数码相机	DV 或摄像机
农村儿童	8.8	97.1	64.2	70.2	18	16.1	19.2	9.9	9.9
留守儿童	11.2	96.3	61.9	67.4	15.8	7.4	22.8	8.4	2.8
非留守儿童	6.2	98.6	69.2	74.0	21.2	28.1	11.6	11.6	5.5

从总体上说,留守青少年和非留守青少年在家庭媒介的拥有量方面,家庭主要媒介的占有率差别并不是很大。

受访者的家庭关系和学校关系的均值得分分别为2.2和2.4,从前文对它们的赋值处理可知,得分越低,表示与家庭和学校的关系越融洽。所以,由均值得分可以判断,大部分青少年与家庭关系较为融洽,在学校的感觉也比较好。留守青少年和非留守青少年在此项上的差别不大。

留守青少年的父母教育程度大部分在初中以及以下,分别是78.2%和81.5%。总体来说,受访者的父母教育程度偏低,留守青少年和非留守青少年在此项上的差别不大。在本次研究中,把父母的教育程度加在一起构成了父母的教育程度指标。

一、人口背景变量对青少年媒介接触行为的影响

主要考察人口背景变量对青少年接触媒介行为包括时间、内容偏好的影响。

留守青少年各媒介接触率高低依次是电视(85.6%),课外书(83.6%),电影碟片(79.4%),杂志(45.8%),报纸(41.2%),漫画书(38.2%),手机(36.1%),互联网(33.6%)和广播(33.6%)。其中,每一类媒介接触率最高的时段均集中在半小时左右;半小时到一小时时段的电视和课外书的接触率也比较高(见表4-2)。

表4-2 留守青少年平均每天媒介接触时间百分比(N=81)

	电视	广播	报纸	杂志	手机	互联网	课外书
120分钟以上	18.1		3.4	0.8	7.1	2.9	8.0
60—120分钟	16.0	2.1	5.9	7.1	8.0	2.1	14.3
30—60分钟	23.5	4.6	11.3	15.1	9.7	6.7	28.6
1—30分钟	26.1	26.9	28.2	31.1	29.8	16.0	32.8
未接触	12.6	46.2	33.2	29.0	25.6	46.6	8.0
缺省	3.8	20.2	18.1	16.8	19.7	25.6	8.4

非留守青少年各媒介接触率电视（90.6％），课外书（83％），电影碟片（82.9）％，互联网（47.6％），漫画书（44.7％），广播（40.6％），报纸（42.4％），杂志（32.4％），手机（31.2％）。其中，每一类媒介接触时间最频繁的时段均集中在半小时左右；半小时到一小时时段的电视和课外书的接触率也比较高（见表4－3）。

表4－3　非留守青少年平均每天媒介接触时间百分比（N＝118）

	电视	广播	报纸	杂志	手机	互联网	课外书
120分钟以上	18.8		0.6	2.4	9.4	7.6	9.4
60—120分钟	20.6	0.6	3.5	6.5	2.4	6.5	10.0
30—60分钟	22.4	7.1	14.7	12.4	11.2	8.8	31.2
1—30分钟	28.8	32.9	27.6	34.7	21.8	20.6	32.4
未接触	6.5	37.6	34.1	27.6	30.0	32.9	8.8
缺省	2.9	21.8	19.4	16.5	25.3	23.5	8.2

留守青少年与非留守青少年相比较，排在前三位都是电视、课外书和电影碟片，接触率都比较高；不同的是，非留守青少年的互联网接触率高于留守青少年15％左右，留守青少年的杂志接触率高于非留守青少年13.4％，其他媒介的接触率相差值均在5％以内。

1. 人口背景资料对媒介接触时间的影响

年龄

对于留守青少年而言，年龄与看电视、收听广播的时间呈显著相关（见表4－4），年龄越大，接触时间越少；对于非留守青少年而言，年龄与看电视、手机接触时间呈显著相关，年龄越大，收看电视时间越少，手机的接触时间越长。由此可见，留守青少年

和非留守青少年的年龄均对收看电视的时间产生了显著的
影响。

表4-4　留守青少年和非留守青少年的年龄与媒介接触时间的相关检验

留守青少年	电视	Pearson Correlation	.225**
		Sig. (2 - tailed)	.000
	广播	Pearson Correlation	.198*
		Sig. (2 - tailed)	.002
非留守青少年	电视	Pearson Correlation	.182*
		Sig. (2 - tailed)	.017
	手机	Pearson Correlation	—.271*
		Sig. (2 - tailed)	.000

性别

经检验,留守青少年的性别与收听广播和接触互联网的时间
呈显著相关;非留守青少年的性别与收看电视和阅读杂志的时间
呈显著相关(见表4-5、表4-6)。

表4-5　性别与留守青少年媒介接触时间的方差分析表

	Sum of Squares	Mean Square	F
电　视	8.659	4.329	2.208
广　播	28.727	14.363	4.039*
报　纸	18.560	9.280	2.799
杂　志	2.975	1.488	.492
课外书	10.346	5.173	2.810
互联网	38.596	19.298	4.485*
手　机	5.597	2.799	.803

($*$ p<.05；$**$ p<.01)

表 4-6　性别与非留守青少年媒介接触时间的方差分析表

	Sum of Squares	Mean Square	F
电　视	18.354	9.177	5.639**
广　播	13.775	6.888	1.899
报　纸	16.740	8.370	2.538
杂　志	18.744	9.372	3.178*
课外书	5.186	2.593	1.368
互联网	17.599	8.800	2.214
手　机	8.041	4.021	.982

（＊p＜.05；＊＊p＜.01）

　　家庭关系、学校关系、是否独生子女、父母教育程度

　　留守青少年的家庭关系与互联网的接触时间显著相关；是否独生子女、学校关系与各类媒介的接触时间均无影响。非留守青少年中，是否独生子女、学校关系、家庭关系与收看各类媒介的接触时间均无显著相关。

　　对于留守青少年和非留守青少年而言，是否独生子女以及学校关系对各类媒介接触时间均无显著相关。

　　对非留守青少年而言，父母的教育程度与看电视时间，阅读报纸时间有显著相关性；对于留守青少年而言，父母的教育程度与各类媒介的接触时间均无显著相关。

　　2. 人口背景资料对媒介内容偏好的影响

　　在电视内容的偏好上，电视剧的接触率居于首位（72.3％），其次是综艺节目（54.2％）和新闻（40.8％），动画片和法制节目也有30％左右的接触率；报纸的总体接触率为28.2％，各类内容的接触率都不太高，只有娱乐内容超过了20％的比例；课外书中除了青春读物（37.8％）和童话（32.4％）的接触率较高外，其他的类型基本都在20％到30％之间；杂志中影视类的比例较高（28.2％）；漫画书中，幽默好笑的比例最高（30.7％），神话传奇和动作爆笑都在20％左右，其他类型的偏好者较少；电影碟片中，喜剧片最受欢

表4-7　留守青少年媒介内容偏好的比率(%)

媒介														
电视	新闻 40.8	动画片 38.7	少儿节目 18.9	综艺娱乐 54.2	电视剧 72.3	戏剧曲艺 4.6	谈话评论 11.3	法制 32.4	纪录片 16.4	生活服务 8.0	广告 1.3			
报纸	新闻 19.7	科普知识 14.7	漫画 18.9	体育 8.8	娱乐 28.2	评论 4.2	副刊 1.3	理论文章 8.4	读者来信 7.6	生活服务信息 6.3	广告 2.1			
课外书	社会知识 14.7	漫画 25.2	科普 23.5	学习辅导 22.3	鬼怪灵异 20.2	探险故事 28.2	侦探 21.4	悬幻 16.4	武侠 25.2	童话 32.4	儿童生活故事 8.4	青春读物 37.8	名著 29	人物传记 21
杂志	时政 8.4	人物 17.2	时尚 14.7	情感 15.1	社科 7.6	自然地理 9.7	军事 19.3	歌曲 14.7	影视 28.2					
漫画书	体育竞技 17.2	武侠功夫 17.6	悬疑鬼怪 14.7	科幻冒险 15.5	幽默好笑 30.7	神话传奇 21.8	浪漫爱情 15.1	动作爆笑 22.7	恐怖暴力 5.5	历史故事 10.9	古典文学 6.3	益智类 8.4		
电影碟片	武打武侠 4.2	警匪 29	言情 21.8	英雄伟人故事 21.8	战争片 30.7	科幻 39.1	恐怖 15.1	青少影片 22.7	喜剧 5.5	超人英雄 9.7				
上网	看新闻 9.2	查资料 29	玩游戏 21.8	聊天 30.7	收发电邮 3.8	下载软件 39.1	购物 1.7	听音乐 20.6	看视频 58.8	发帖、限帖 1.7	搜索引擎 3.4	加入圈子 1.3	网上阅读 9.7	
手机	打电话 31.5	发短信 26.9	玩游戏 13	手机上网 11.8	看手机报 5	听音乐 29.8	图铃下载 3.4	看视频 9.7	在线游戏 2.1	WAP浏览 5	看电子书 8.8	拍照录像 10.1		

迎,高达 58.8％的比例,其次是武侠武打片(39.1％)和警匪片(29.1％);在上网活动中,首当其冲的是看视频(27.7％)、其次是听音乐(20.6％)、聊天(19.7％)和玩游戏(18.5％)(见表4－7)。

性别

性别与电视、课外书、杂志、漫画、电影碟片、上网和手机活动的部分内容皆有显著相关。男生更偏好科教类、纪录片、科普类、军事类、探险类的内容,而女生更偏爱生活服务类、言情类、浪漫爱情类、时尚类以及青春读物类的内容(见表4－8)。

表 4－8　性别与留守青少年媒介内容偏好的 t 检验

媒介类型		性别	平均值	T 值	Sig. (2 - tailed)
电视	科教节目	男	.59	3.003	.003
		女	.27		
	纪录片	男	2.16	2.701	.007
		女	.88		
	生活服务节目	男	.10	−3.577	.000
		女	.21		
课外书	科普类	男	.96	−4.028	.000
		女	.45		
	探险故事	男	2.33	3.818	.002
		女	1.01		
	侦探	男	2.05	3.015	.003
		女	.93		
	悬幻类	男	2.00	3.564	.000
		女	.64		
	军事类	男	2.72	5.477	.000
		女	.40		
	武侠	男	3.44	3.106	.002
		女	1.68		

媒介类型		性别	平均值	T 值	Sig.（2 - tailed）
课外书	童话	男	2.64	−3.018	.003
		女	4.67		
	青春读物	男	2.80	−5.804	.000
		女	7.37		
	历史故事	男	6.48	3.218	.001
		女	3.40		
	旅游考古	男	2.64	2.030	.044
		女	1.20		
杂志	时政类	男	.15	3.453	.001
		女	.02		
	时尚类	男	.26	−2.864	.005
		女	.66		
	军事类	男	2.29	5.917	.000
		女	.31		
	歌曲类	男	.62	−2.604	.010
		女	1.56		
漫画	武侠功夫	男	.55	4.012	.000
		女	.16		
	悬疑鬼怪	男	.54	3.069	.002
		女	.16		
	科幻冒险	男	.90	2.871	.005
		女	.35		
	浪漫爱情	男	.66	−2.645	.009
		女	1.55		
	超人英雄	男		2.656	.009
		女	.52		

续　表

媒介类型		性别	平均值	T 值	Sig.（2‐tailed）
电影碟片	武打或武侠片	男	.48	2.706	.007
		女	.31		
	警匪片	男	.78	3.274	.001
		女	.39		
	言情片	男	.36	−3.568	.000
		女	.93		
	战争片	男	1.79	5.367	.000
		女	.57		
	科幻片	男	2.79	2.587	.010
		女	1.81		
	儿童生活影片	男	.76	−4.194	.000
		女	2.48		
	喜剧片	男	4.42	−3.412	.001
		女	6.37		
上网	看新闻	男	.15	2.678	.008
		女	.04		
	玩游戏	男	.85	4.134	.000
		女	.24		
	聊　天	男	1.10	2.910	.004
		女	.50		
	看影视、视频	男	3.10	2.248	.026
		女	1.91		
	网上阅读	男	2.20	2.371	.019
		女	.80		
手机	看电子书	男	2.05	2.276	.025
		女	.37		

年龄、父母教育程度、家庭关系、学校关系

首先把年龄、父母教育程度、家庭关系、学校关系处理为定序变量。因为本次调查的对象为初、高中学校的学生，所以，在年龄上对其进行分组，12—15岁的青少年一般可以看作初中阶段，16—18岁的青少年一般可以看作高中阶段。然后分别与留守青少年的媒介内容偏好进行卡方检验，结果见表4-9。

年龄与电视里的新闻、动画片、少儿节目和综艺娱乐节目有显著相关性，家庭关系与电视剧有显著相关性；各个变量与报纸偏好均无显著相关；其他与课外书内容、漫画书内容、电影碟片、上网活动、手机活动之间的关系见表4-9、表4-10、表4-11、表4-12、表4-13、表4-14、表4-15。从中我们可以看出，年龄是影响青少年内容偏好的重要变量，年龄不同，喜好的内容也有很大的差异，几乎在每一个类型的媒介中都发现年龄变量的影响。

表4-9 父母教育程度、年龄、家庭关系与学校关系与
留守青少年电视内容偏好的卡方检验

			Value	Asmp. Sig. (2 - tailed)
年 龄	新 闻	Pearson Chi-Square	6.103(b)	.013
	动画片	Pearson Chi-Square	4.262(b)	.039
	少儿节目	Pearson Chi-Square	10.100(a)	.006
	综艺娱乐节目	Pearson Chi-Square	11.632(a)	.003
家庭关系	电 视 剧	Pearson Chi-Square	6.203(a)	.045

表4-10 父母教育程度、年龄、家庭关系与学校关系与
留守青少年课外书偏好的卡方检验

			Value	Asmp. Sig. (2 - tailed)
父母教育程度	侦 探	Pearson Chi-Square	6.053(a)	.048
	军事类	Pearson Chi-Square	7.641(a)	.022

续　表

			Value	Asmp. Sig. (2 - tailed)
年　龄	漫 画 类	Pearson Chi-Square	11. 495(b)	. 001
	探险故事	Pearson Chi-Square	10. 603(b)	. 001
	悬 幻 类	Pearson Chi-Square	5. 505(b)	. 019
	童　话	Pearson Chi-Square	22. 197(a)	. 000
	儿童生活故事	Pearson Chi-Square	7. 358(a)	. 025
	青春读物	Pearson Chi-Square	6. 580(a)	. 037
	历史故事	Pearson Chi-Square	4. 510(b)	. 034

表 4 - 11　父母教育程度、年龄、家庭关系与学校关系
与留守青少年杂志偏好的卡方检验

			Value	Asmp. Sig. (2 - tailed)
年龄	情感类	Pearson Chi-Square	13. 097(b)	. 000
学校关系	情感类	Pearson Chi-Square	6. 298(a)	. 043

表 4 - 12　父母教育程度、年龄、家庭关系与学校关系
与留守青少年漫画书偏好的卡方检验

			Value	Asmp. Sig. (2 - tailed)
年　龄	武侠功夫	Pearson Chi-Square	13. 453(b)	. 000
	悬疑鬼怪		9. 250(b)	. 002
	科幻冒险	Pearson Chi-Square	5. 629(b)	. 018
	幽默好笑	Pearson Chi-Square	15. 161(b)	. 000
	神话传奇	Pearson Chi-Square	6. 222(b)	. 013
	动作爆笑	Pearson Chi-Square	5. 813(b)	. 016
	恐怖暴力	Pearson Chi-Square	6. 568(b)	. 010
	超人英雄	Pearson Chi-Square	6. 425(b)	. 011
家庭关系	体育竞技	Pearson Chi-Square	13. 732(a)	. 008

表 4 - 13　父母教育程度、年龄、家庭关系与学校关系与
留守青少年电影碟片偏好的卡方检验

			Value	do	Asmp. Sig. (2 - tailed)
学校关系	喜剧片	Pearson Chi-Square	6.606(a)	2	.037

表 4 - 14　父母教育程度、年龄、家庭关系与学校关系与
留守青少年上网的卡方检验

		Value	Asmp. Sig. (2 - tailed)
学校关系	Pearson Chi-Square	6.120(a)	.047
年　龄	Pearson Chi-Square	4.547(b)	.033
父母教育程度	Pearson Chi-Square	7.315(a)	.026

表 4 - 15　父母教育程度、年龄、家庭关系与学校关系与
留守青少年手机使用的卡方检验

			Value	Asmp. Sig. (2 - tailed)
学校关系	看视频	Pearson Chi-Square	6.120(a)	.047
年　龄	打电话	Pearson Chi-Square	16.772(b)	.000
	发短信	Pearson Chi-Square	17.463(b)	.000
	手机上网	Pearson Chi-Square	8.697(b)	.003
	听音乐	Pearson Chi-Square	12.199(b)	.000
	看电子书	Pearson Chi-Square	11.041(b)	.001
家庭关系	发短信	Pearson Chi-Square	8.810(a)	.012
	玩游戏	Pearson Chi-Square	7.299(a)	.026
	手机上网	Pearson Chi-Square	7.630(a)	.022
父母教育程度	玩游戏	Pearson Chi-Square	6.081(a)	.048
	手机上网	Pearson Chi-Square	7.455(a)	.024
	听音乐	Pearson Chi-Square	7.683(a)	.021

二、人口背景资料和社会化状况之间的关联性研究

1. 留守儿童社会化状况的描述

性格和行为特征

关于性格和行为特征,所有题目作反向处理,得分越高,越不符合情况。从以下题目的均值得分可以看出,留守青少年的分值大多在三分以上,只有在没有主见、不善于与人交流、易冲动 3 项上均值得分低于三分,也就是比较符合情况。与非留守青少年相比,各项得分比较近似,只有在是不是有爱心上,差异较大,留守青少年比非留守青少年在是否有爱心的自我评价上更高;在抑郁和自卑上,非留守青少年比留守青少年的自我评价低(见表 4-16)。

生活技能

在生活技能上,得分越低,生活自理能力越强。留守青少年和非留守青少年在生活自理能力上都比较强,总体而言,留守青少年比非留守青少年的生活技能更强,尤其在自己整理床铺上,留守青少年的均值得分比非留守青少年高出 1.13 个值(见表 4-17)。

道德行为规范

所有题目作正向处理,得分越低,道德行为越规范。总体来说,留守儿童的道德行为都比较规范,能够很好地遵守学校纪律,留守儿童和非留守儿童也基本上没什么差异(见表 4-18)。

交往观念

留守青少年和非留守青少年在交往观念上也非常一致,在交朋友中都比较注重情义、互相帮助,而没有把有钱和长相好作为交友的标准。但是在学习成绩上,则介于上述两者之间,介于比较符合和不太符合之间,也就是说,在农村儿童的交友中,学习成绩是一个比较重要的指标,但不是标准(见表 4-19)。

表 4 - 16　留守青少年与非留守青少年在性格特征上的均值得分

		合群	依赖心理强	胆小	任性	勤快	没有主见	娇气	不善于交流	孤僻内向	自卑	抑郁	易冲动	没有爱心
留守	Mean	3.72	3.01	2.95	3.06	3.65	2.33	3.89	2.26	3.57	3.66	3.63	2.83	4.13
	N	215	215	215	215	215	215	215	215	215	215	215	215	215
	Std. Deviation	1.147	1.251	1.311	1.307	1.030	.912	1.326	1.096	1.362	1.269	1.371	1.36	.899
非留守	Mean	3.84	3.00	3.01	3.11	3.66	2.22	3.87	2.19	3.84	3.00	3.01	3.11	3.66
	N	146	146	146	146	146	146	146	146	146	146	146	146	146
	Std. Deviation	1.186	1.276	1.316	1.266	.979	.943	1.361	1.085	1.186	1.276	1.316	1.26	.979

表 4 - 17　留守青少年与非留守青少年在生活技能上的均值得分

		独自理发	独自看病	骑车上街	独自乘车	照看更小孩子	在家人生病的时候照顾他们	帮助家人做家务	自己整理床铺
留守青少年	Mean	2.25	2.02	1.69	1.83	2.01	1.98	1.64	1.51
	N	215	215	215	215	215	215	215	215
	Std. Deviation	1.457	1.142	1.041	1.184	1.134	.964	.836	.802
非留守青少年	Mean	2.64	2.24	1.70	2.06	2.08	2.31	1.92	2.64
	N	146	146	146	146	146	146	146	146
	Std. Deviation	1.643	1.376	1.091	1.250	1.273	3.445	.864	1.643

表 4-18 留守青少年与非留守青少年在道德行为规范上的均得分

		遵守学习纪律	讲究文明礼貌	主动帮助家长干活	经常锻炼身体	讲究个人卫生	爱护公物	团结同学	尊敬师长	节约水电	诚实守信	积极参加集体活动	骂人	打架	撒谎
留守青少年	Mean	1.86	1.96	1.84	2.46	1.68	1.88	1.83	1.71	1.93	1.82	2.15	2.22	1.72	2.15
	N	215	215	215	215	215	215	215	215	215	215	215	215	215	215
	Std. Deviation	.719	.719	.763	1.088	.650	.711	.742	.698	.773	.648	1.023	1.109	1.063	1.102
非留守青少年	Mean	1.76	1.90	2.02	2.29	1.69	1.79	1.81	1.63	1.79	1.76	1.90	2.02	2.29	1.69
	N	146	146	146	146	146	146	146	146	146	146	146	146	146	146
	Std. Deviation	.678	.702	.818	1.030	.639	.714	.782	.622	.716	.678	.702	.818	1.030	.639

表 4-19 留守青少年与非留守青少年在交往观念上的均值得分

		讲情义	互相帮助	成绩好	有钱	长相好
留守青少年	Mean	1.59	1.42	2.73	3.78	3.54
	N	215	215	215	215	215
	Std. Deviation	.634	.643	1.180	1.193	1.206
非留守青少年	Mean	1.60	1.34	2.73	3.79	3.65
	N	146	146	146	146	146
	Std. Deviation	.701	.529	1.205	1.138	1.112

职业理想

在职业理想上,大部分青少年的愿望是达到大专以上的水平,留守青少年和非留守青少年几乎没有差异(见表4-20)。

表4-20　留守青少年与非留守青少年的职业理想(%)

		留守儿童		非留守儿童	
		Frequency	Percent	Frequency	Percent
职业理想	初中	11	4.6	4	2.4
	高中	15	6.3	8	4.7
	中专	7	2.9	6	3.5
	大专	56	23.5	44	25.9
	大学	101	42.4	71	41.8
	研究生	33	13.9	25	14.7
	缺省	15	6.3	12	6.5
	Total	238	100.0	170	100

消费观念

在消费观念的测量上,我们把受访者的消费观念分为节俭消费、炫耀消费、品牌消费和个性消费四个维度。总体来说,留守青少年和非留守青少年的消费都比较节俭,消费也不看重品牌,个性消费也不突出,但是在炫耀性消费上,得分偏高,介于不太符合和不符合之间,留守青少年消费的炫耀性心理更甚于非留守青少年(见表4-21)。

表4-21　留守青少年与非留守青少年在消费观念上的均值得分

		节　俭	炫　耀	品　牌	个　性
留守青少年	Mean	2.21	2.91	2.29	2.74
	N	215	215	215	215
	Std. Deviation	.55999	1.34714	.49741	.74041
非留守青少年	Mean	2.21	3.67	3.27	2.80
	N	146	146	146	146
	Std. Deviation	.52359	.91350	.60013	.78840

2. 人口背景资料对青少年社会化的影响

性格特征

年龄与性格之间呈显著相关,年龄越大,对性格行为的评价也越偏向正向;性别以及学校关系与性格特征呈显著相关,男生对自身的性格行为评价比女生低;学校关系越好,对性格行为的评价也越高(见表 4-22、表 4-23)。

表 4-22 年龄与性格特征的相关性分析

		性格与行为特征
	Pearson Correlation	.169(**)
年　　龄	Sig. (2-tailed)	.009
	N	238

**　Correlation is significant at the 0.01 level (2-tailed).

表 4-23 性别、学校关系与留守儿童性格行为特征的卡方检验

		Value	Asmp. Sig. (2-tailed)
性　别	Pearson Chi-Square	126.463(a)	.000
学校关系	Pearson Chi-Square	143.220(a)	.000

生活技能

是否独生子女和学校关系与生活自理能力呈显著相关(见表 4-24)。

表 4-24 是否独生子女、学校关系与留守儿童手机使用的卡方检验

		Value	Asmp. Sig. (2-tailed)
独生子女	Pearson Chi-Square	73.956(a)	.024
学校关系	Pearson Chi-Square	66.240(a)	.042

道德行为规范

性别、是否独生子女、学校关系、家庭关系与道德行为规范呈现显著相关(见表 4-25)。

表4-25　性别、是否独生子女、家庭关系、学校关系与
留守儿童道德行为规范的卡方检验

		Value	do	Asmp. Sig. (2 - tailed)
性　别	Pearson Chi-Square	90.988(a)	70	.047
独生子女	Pearson Chi-Square	105.695(a)	70	.004
学校关系	Pearson Chi-Square	110.086(a)	66	.001
家庭关系	Pearson Chi-Square	169.323(a)	66	.000

交往观念

年龄与讲情义、成绩好、长相好均显著相关；是否独生子女与
互相帮助显著相关；父母的教育程度与是否有钱、性别与是否有钱
和是否长相好显著相关（见表4-26）。

表4-26　人口背景变量与交往观念的卡方分析表

			Value	df	Asymp. Sig. (2 - sided)
年　　龄	讲情义	Pearson Chi-Square	8.898(a)	3	.031
	成绩好	Pearson Chi-Square	23.971(a)	5	.000
	长　相	Pearson Chi-Square	15.859(a)	5	.007
独生子女	互相帮助	Pearson Chi-Square	22.022(a)	8	.005
父母的教育程度	有　钱	Pearson Chi-Square	22.173(a)	10	.014
性　　别	有　钱	Pearson Chi-Square	32.647(a)	10	.000
	长　相	Pearson Chi-Square	27.544(a)	10	.002

a 2 cells (25.0%) have expected count less than 5. The minimum expected count is 1.26.

职业理想

年龄、性别、是否独生子女、父母教育程度、学校关系、家庭关
系与其职业理想均无相关性。

消费观念

关于消费观念，我们分成了四个维度，下面考察人口背景变量
和每一个维度之间的关系。检验结果发现，性别与节俭消费、父母
教育程度与品牌消费、个性消费显著相关（见表4-27）。

表 4 - 27　人口背景变量与消费观念之间的卡方分析

		Value	df	Asymp. Sig. (2 - sided)
性　　别	节　俭			
	Pearson Chi-Square	54. 845(a)	20	. 000
父母教育程度	品　牌			
	Pearson Chi-Square	32. 979(a)	20	. 034
	个　性			
	Pearson Chi-Square	38. 987(a)	24	. 027

a　19 cells (57. 6%) have expected count less than 5. The minimum expected count is . 04.

　　在媒介接触行为和社会化结果上,对于 12 到 18 岁年龄段的青少年来说,留守青少年与非留守青少年相比较,排在前三位都是电视、课外书和电影碟片,接触率都比较高;不同的是,非留守青少年的互联网接触率高于留守青少年 15% 左右,留守青少年的杂志接触率高于非留守儿童 13.4%;在内容偏好上,两者也基本相似。在社会化状况上,留守青少年的生活自理能力比非留守青少年更强,在性格和行为的评价上,是否有爱心,留守青少年的评价高于非留守青少年,而在抑郁和自卑上则正好相反。

三、留守儿童媒介接触与社会化状况之间的关联性

1. 媒介接触时间

　　接触媒介的时间对性格和行为特征、生活技能、道德行为规范、职业理想和消费观念的影响研究的结果显示,广播、报纸、杂志、课外书和互联网的接触时间与性格特征均有显著相关,接触时间越少,对自身性格行为越偏向正面评价;电视和课外书的接触时间与生活技能显著相关,接触时间越长,生活自理能力也越弱;电视、广播和报纸的接触时间与道德行为规范呈显著相关,收看电视时间越长,道德行为规范也越差,收听广播和阅读报纸的时间越长,道德行为也越符合规范;广播、报纸和互联网的接触时间与职业理想呈现显著相关,接触时间越长,职业理想的学历期望也越高(见表 4 - 28)。

表4-28 接触媒介的时间与性格特征、生活技能、道德规范、职业理想的相关性分析

		电视	广播	报纸	杂志	课外书	互联网	手机
性格特征	Pearson Correlation	.055	.250(**)	.192(**)	.196(**)	.136(*)	.199(**)	.083
	Sig. (2-tailed)	.400	.000	.003	.002	.037	.002	.201
	N	238	238	238	238	238	238	238
生活技能	Pearson Correlation	-.176(**)	-.008	.011	-.019	-.166(*)	.108	.011
	Sig. (2-tailed)	.006	.905	.867	.776	.010	.096	.869
	N	238	238	238	238	238	238	238
道德规范	Pearson Correlation	-.260(**)	.202(**)	.168(**)	.108	-.010	.063	-.013
	Sig. (2-tailed)	.000	.002	.009	.096	.879	.332	.843
	N	238	238	238	238	238	238	238
职业理想	Pearson Correlation	.049	.138(*)	.161(*)	.058	.120	.136(*)	-.018
	Sig. (2-tailed)	.455	.033	.013	.373	.065	.036	.785
	N	238	238	238	238	238	238	238

** Correlation is significant at the 0.01 level (2-tailed).
* Correlation is significant at the 0.05 level (2-tailed).

媒介接触时间与消费观念的四个维度皆无相关性。

媒介接触时间与交往观念之间的关联性,具体见下表(见表4-29)。

表4-29 媒介接触时间与交往观念之间的卡方检验

			Value	df	Asymp. Sig. (2-sided)
电视	有钱	Pearson Chi-Square	47.899(a)	25	.004
广播	讲情义	Pearson Chi-Square	41.139(a)	12	.000
	有钱	Pearson Chi-Square	30.699(a)	16	.015
	长相好	Pearson Chi-Square	47.752(a)	20	.000
报纸	讲情义	Pearson Chi-Square	33.196(a)	15	.004
杂志	成绩好	Pearson Chi-Square	52.807(a)	25	.001
课外书	讲情义	Pearson Chi-Square	25.759(a)	15	.041
	互相帮助	Pearson Chi-Square	33.320(a)	20	.031
互联网	有钱	Pearson Chi-Square	39.705(a)	25	.031
	长相好	Pearson Chi-Square	41.355(a)	25	.021

a 21 cells (58.3%) have expected count less than 5. The minimum expected count is .19.

2. 媒介内容偏好

(1) 电视内容偏好

电视内容偏好与性格、生活、道德的 T 值检验显示,新闻偏好与道德行为规范呈现均值显著差异;动画片、少儿节目偏好都与生活技能呈现均值显著差异。

科教节目和法制节目与职业理想呈显著相关,越偏好科教节目和法制节目,职业理想的学历追求也越高。

少儿节目与节俭消费观念显著相关,综艺娱乐节目与个性消费观念显著相关;越喜爱少儿节目,节俭消费的观念越淡薄,越喜爱综艺娱乐节目,个性消费的观念也越突出。

（2）报纸内容偏好

报纸的内容偏好与性格、生活、道德的 T 值检验显示，新闻偏好与生活技能、道德规范呈现均值显著差异；读者来信内容偏好与道德规范呈现均值显著差异；生活服务内容偏好与性格特征呈现均值显著差异。

报纸内容偏好与交往观念、娱乐内容偏好与有钱的交友观念呈现显著差异，越喜爱娱乐内容的儿童，越认可有钱的交友观。

报纸内容偏好与职业理想中，只有娱乐和漫画内容偏好与职业理想呈显著相关，越喜爱娱乐内容和漫画内容的儿童，其职业理想中的学历追求也越低。

报纸内容的体育内容和娱乐内容偏好均与个性消费观念呈显著相关，越喜爱体育和娱乐内容，其个性消费观念也越突出。

（3）课外书类型偏好

课外书的类型偏好与性格特征、道德规范、生活技能的检验结果显示，社会知识类和科普类课外书与性格特征有显著相关性；学习、鬼怪灵异和名著类课外书与道德行为规范显著相关；童话类课外书与生活技能呈显著相关。

课外书的类型偏好与交往观念的检验结果显示，越喜爱儿童生活故事的青少年，越不看重情义和成绩；越喜爱青春读物的青少年，越看重长相，越不看重成绩。

课外书与职业理想的关联表现为喜爱人物传记、侦探、军事以及名著的儿童，其职业理想的学历层次追求也较高。

课外书与消费观念的关联表现为越喜爱悬幻类书籍的儿童，越认同品牌消费；越喜爱童话的儿童，越不认可节俭消费；越喜爱旅游考古类的青少年，越认同个性消费。

（4）杂志类型偏好

杂志只有时政类的与生活技能显著相关；人物类的与性格行为特征显著相关。

杂志和交往观念、职业理想和消费观念均无显著相关。

（5）漫画类型偏好

古典文学、益智类、武侠功夫与生活技能呈显著相关；悬疑鬼怪、恐怖暴力和道德行为规范呈显著相关。

漫画书体育竞技类型偏好与职业理想呈显著相关，越喜爱体育竞技类的青少年，越追求高学历；喜爱武侠功夫的青少年，越不认可交友观念中的长相；越喜爱幽默好笑类的青少年，越不认可互相帮助；越喜爱超人英雄类的青少年，越不认可节俭消费的观念。

（6）电影碟片偏好

武侠武打片、恐怖片和道德行为规范，科幻片与性格特征呈显著相关。

越喜爱武侠武打，越认为互相帮助不重要；越喜爱科幻片，越认为有钱和长相不重要；越喜爱喜剧片，越认为成绩好不重要；越喜爱武侠武打片，在职业理想上的学历追求也越低。

（7）上网活动偏好

玩游戏、听音乐与生活技能，聊天与看视频与道德行为规范呈显著相关，而且，检验发现互联网的各类活动偏好与职业追求和交友观念均无显著影响，但是对消费观念有较大影响。浏览新闻、玩游戏、聊天和看视频与品牌消费显著相关，玩游戏、听音乐、看视频与个性消费显著相关。

（8）手机活动偏好

越喜爱玩游戏，职业理想中的学历追求越低；越喜爱看手机视频的儿童，在交友上越看重成绩和有钱。

四、留守青少年人口背景变量和媒介接触与社会化状况之间的多元回归分析

为了更进一步地了解受访者社会化的影响因素，进一步厘清

媒介接触行为与人口背景变量对社会化影响的关系,本文拟进一步以多元回归分析法来探讨各个变量的影响,目的在于对哪种因素对青少年的社会化的影响力较强有一个更清晰的认识。结果如下:

性格和行为特征

经多元回归分析,只有课外书的社会知识内容偏好的变量进入其回归方程。

生活技能

多元回归分析显示,只有阅读报纸的新闻偏好(Beta=－.145,p<.05)进入回归方程。

道德行为规范

是否独生子女(Beta=.144,p<.05)、学校关系(Beta=.265,p<.001)、家庭关系(Beta=.195,p<.01)、收看电视时间(Beta=－.276,p<.001)成为影响青少年道德行为规范的有力解释变量。

职业理想

收看电视的法制节目偏好(Beta=.148,p<.05)、漫画书的体育竞技内容偏好(Beta=－.129,p<.05)和电影碟片的武侠武打内容偏好(Beta=.137,p<.05)进入回归方程。

交往观念

儿童生活故事类课外书的内容偏好(Beta=.226,p<.01)与其交友中讲情义的观念显著相关。

年龄(Beta=.171,p<.05)、青春读物类课外书的内容偏好(Beta=.152,p<.05)、喜爱看手机视频(Beta=－.149,p<.05)与其交友中学习成绩好的观念显著相关。

年龄(Beta=.205,p<.05)、性别(Beta=.178,p<.01)、科幻类电影碟片的偏好(Beta=.170,p<.01)与其交友中长相好的观念显著相关。

武侠武打类电影碟片的偏好(Beta=－.136,p<.05)与其交

友中互相帮助的观念显著相关。

父母教育程度（Beta＝－.141，p＜.05）、性别（Beta＝.157，p＜.05）、互联网接触时间（Beta＝.179，p＜.05）、报纸娱乐内容偏好（Beta＝－.127，p＜.05）、科幻类电影碟片的偏好（Beta＝.216，p＜.01）与其交友中的有钱观念显著相关。

消费观念

电视少儿节目的偏好（Beta＝－.159，p＜.05）、超人英雄类漫画书的内容偏好（Beta＝－.169，p＜.05）与节俭消费观显著相关。

电视综艺娱乐节目的内容偏好（Beta＝－.209，p＜.01）与个性消费显著相关。

在之前的检验中，没有变量对炫耀性消费产生影响。在回归分析中，只有父母的教育程度与品牌消费产生显著影响。

总体来看，媒介接触时间对留守青少年的社会化影响并不大，也就是说，接触媒介时间的长短的影响力并不显著，重要的是接触了什么样的内容。

对于性格特征以及生活技能这两项指标，通过前文的分析可知，人口背景资料中的某些因素虽然是影响社会化结果的重要影响因素，但是多元回归分析则显示上述媒介内容偏好成为最强有力的解释变量。那么，是否可以认为是人口背景资料的某些变量影响了青少年的媒介接触行为进而间接影响了其社会化结果呢？前文检验显示，人口背景资料对课外书的社会知识内容和报纸的新闻偏好都没有显著影响。所以，由此可以推断，媒介的内容偏好是影响性格和行为特征以及生活技能的直接因素。

但是道德行为规范的影响因素显示，来自人口背景变量的影响力更大，独生子女的道德行为规范比非独生子女的表现要差，而学校关系和家庭关系越为良好的青少年，其道德行为也更合乎规范。而且,媒介的影响力并不明显,只是收看电视时间越长的青少年,其道德行为也表现得更差。前文检验也显示,影响电视收看时间的变量主要是年龄,年龄越大,收看电视的时间也越少。所以,道德行为规范的建立往往来自于外界力量的约束,同时,也需要个体自身建立起自我约束和自律的能力,对于年龄较小的青少年来说,这种自我约束的能力往往要低于年龄稍长者,收看电视时间较长也可以看作是自制力较差的表现。那么,到底是年龄的因素直接作用于其道德行为规范的建立,还是间接作用于其电视收视行为进而作用于其道德行为规范呢? 这个结论尚需谨慎推论。但是,可以肯定的是,学校关系和家庭关系这两个变量都进入方程中,它在某种程度上说明,正处于成长期的青少年,其道德行为规范的约束和建立更多来自于学校和家庭的环境因素,对于正处于初、高中阶段的青少年来说,家庭和学校是他们成长的重要环境,家庭和学校的良好教育是培养留守青少年规范的道德观念和行为的重要场所,其作用不可忽视。

在职业理想和消费观念等方面,来自媒介内容的影响力显然更大。在此次调查中,我们也设置了一个题项,即"如果可以自由选择职业,你的理想是什么?"结果显示,最多的是想成为医生,其次是教师、科学家、军人以及警察等。而访谈资料也显示,很多人受到来自课内和课外书籍的影响。一个人要达到什么样的学历层次,显然来自于多方面的影响。但是,本研究显示,来自于媒介的影响力更大。从消费观念上也可以看出,越喜爱少儿节目和超人英雄类漫画书的青少年,节俭消费的观念越不强,而越喜欢电视综艺节目的青少年,个性消费的观念也越突出。从中可以看出,电视的影响作用比较大。前文研究也显示,观看综艺节目、少儿节目以及超人英雄类漫画书都与年龄因素有很大的关系,年龄越小,越喜欢这些节目。所以,媒介在消费观念上对那些年龄教小的青少年的影响更大。

影响交友观念的因素似乎更为复杂，人口背景变量和媒介内容偏好都对交友观念产生了比较显著的影响。

年龄成为影响其交友观念中，是否看中学习成绩和长相的重要因素。年龄越大，越不看中成绩和长相，交友观念也更加成熟；在性别影响中，我们也看到一个比较有意思的现象，男孩比女孩更看中长相，也比女孩更看中是否有钱；父母的教育程度也对孩子的交友观念有重要影响，教育程度越高，越看中是否有钱。

至于媒介的影响，科幻类影片的喜好对交友的长相和有钱都产生了显著影响，越偏好科幻类的影片，也越不看重长相和是否有钱。我们知道，对金钱和长相的看中，显然不是一种成熟的交友观念，而人口背景资料中没有变量对科幻类的影片的喜好产生显著影响，但是喜爱科幻类影片的比例在留守青少年中只有30％左右的比例，为什么越偏好这类影片的青少年，会越不看重长相和金钱呢？这仍需要研究的进一步深入。

前文研究显示，留守青少年上网的主要活动是玩游戏、听音乐和看视频，而上网时间长、喜好报纸的娱乐内容的青少年更看重交友中是否有钱。综合起来，这些媒介接触行为主要就是娱乐，越是喜欢娱乐类内容的青少年，也越看重朋友是否有钱。由此我们是否可以推测，媒体中的某些内容确实宣扬了一些物质主义的价值观念，而这些不可避免地对青少年产生了影响。同时对交友是否有钱观念产生影响的还有父母的教育程度，反而是教育程度越高的父母，越看重有钱因素。那么，来自于家庭的影响也许可以理解为，由于物质主义风潮和功利主义价值观的影响，在农村社会，是否有钱已经成为成功的标志，这些父母对成功的定义、渴望以及态度也折射到青少年的身上。

喜爱武打武侠类电影碟片的留守青少年更在意朋友是否互相帮助，这也许和武侠类影片中常常宣扬的有福同享、有难同当的思想有很大的关系。在中国的武侠武打片中,中国传统文化中替天行道、为民除害、为孝复仇、反抗侵略、英雄相惜、"在家靠父母,在外靠朋友"、讲情义,重义气、朋友有难,两肋插刀等等在武侠影片里都有突出的表现,这无疑会对青少年的交友观产生影响。

第三节　媒介对农村留守儿童的社会化影响——6 到 11 岁的年龄段

本节针对 6 到 11 岁儿童的研究与上一节针对 12 到 18 岁青少年的研究构架基本相同,不同之处在于,在上一章分析这部分调查对象电视认知模式的基础上,试图检验留守儿童的心理机制、媒介接触行为和社会化影响三者之间的关系。

研究拟用三个阶段分析媒介对农村留守儿童的影响:第一步考察儿童的媒介接触行为对儿童社会化的影响,同时考察人口背景资料的影响,并比较留守儿童和非留守儿童的异同;第二步分析心理机制、媒介接触行为与社会化之间的关联性;第三步建立回归方程式,找出对留守儿童社会化最具影响力的变项。

一、基本情况描述

调查数据显示,留守儿童的男生的比例为 48.2%,女生的比例为 51.8%;非独生子女的比例达 76%以上;50%左右的儿童父母的教育程度在初中水平。

在家庭媒介拥有上,电视机的拥有比例都在 97.4%以上,留守儿童和非留守儿童在电视机的拥有率上差别不大;留守儿童和非留守儿童在其他媒介拥有如电脑和电话上有较大差异,非留守儿童的电脑拥有率高于留守儿童,而留守儿童的家庭收音机的拥有率高于非留守儿童。总体上说,留守青少年和非留守青少年在家庭媒介的拥有量方面,家庭主要媒介的占有率差别并不是很大(见表4-30)。

表4-30 留守儿童和非留守儿童的家庭媒介拥有率(%)

	电视机	VCD或DVD	电话	电子游戏机	电脑	收音机	数码相机	DV或摄像机
留守儿童	97.5	69.1	88.9	25.9	40.7	30.9	19.8	16.0
非留守儿童	94.9	72.0	93.2	21.2	49.2	24.6	24.6	17.8

在媒介接触率、接触时间和内容偏好上,留守儿童的媒介接触率最高的依然是电视(92.6%),其次是课外书(64.2%)和手机(63.9%),但是其接触率比起电视来,少了将近30%。报纸、广播和互联网的接触率都比较低,都在25%左右。留守儿童和非留守儿童在各媒介的接触率上几乎没有差异。留守儿童的媒介接触时间多集中在一小时左右,其中,接触媒介两小时以上的只有电视,这再一次说明,在低龄乡村儿童那里,电视依然是接触率最高、接触时间最长的强势媒介。在接触时间上,留守儿童与非留守儿童的差异不大(见表4-31、表4-32、表4-33)。在手机的拥有上,留守儿童和非留守儿童的比例都不高,分别为18.5%和16.1%,但是,接触率都比较高,分别为63.9%和54.2%。

表4-31 留守儿童和非留守儿童的媒介接触率(%)

	电视	广播	报纸	课外书	互联网	手机
留守儿童	92.6	11.1	29.6	42	24.7	61.7
非留守儿童	93.2	19.5	29.7	45.8	26.3	54.2

表4－32　留守儿童平均每天媒介接触时间百分比(N＝81)

	电视	广播	报纸	杂志	手机	互联网	课外书
120分钟以上	24.7		6.2	0.8	2.5	8.6	2.5
60—120分钟	12.3	1.2	7.4	7.1	13.6	3.7	16.0
30—60分钟	32.1	13.6	8.6	15.1	9.9	9.9	13.6
1—30分钟	24.7	12.3	19.8	31.1	37.0	7.4	32.1
未接触	3.7	59.3	45.7	29.0	27.2	58.0	25.9
缺省	2.5	13.6	12.3	16.8	9.9	12.3	9.9

表4－33　非留守儿童平均每天媒介接触时间百分比(N＝118)

	电视	广播	报纸	杂志	手机	互联网	课外书
120分钟以上	29.7		5.1	0.8	3.4	5.1	6.8
60—120分钟	10.2		6.8	7.1	6.8	2.5	12.7
30—60分钟	29.7	8.5	5.9	15.1	6.8	6.8	19.5
1—30分钟	19.5	20.3	23.7	31.1	32.2	9.3	27.1
未接触	4.2	50.0	35.6	29.0	30.5	53.4	18.6
缺省	6.8	21.2	22.9	16.8	20.3	22.9	15.3

在内容偏好上,通过均值得分比较,我们发现,留守儿童比较喜爱的电视节目是动画片、电影、综艺节目、少儿节目;不喜欢的节目是戏剧曲艺、新闻和财经报道;其他的都介于喜欢和一般之间。留守儿童与非留守儿童进行对比发现,他们对电视节目的好恶基本相同,并无太大差异(见第三章);课外书中,留守儿童比较喜爱的是漫画类、神话传奇类、武侠类、科幻探险,不太喜欢的主要是军事类、时政类和经典名著、青春读物等。在手机活动上,留守儿童最喜欢的活动是看视频、听音乐,其次是发短信,不太热衷看手机报以及拍照或录像(见表4－34)。

表4-34 留守儿童电视节目内容偏好的均值得分比较

电视	新闻	科教节目	动画片	谈话评论	生活服务	综艺娱乐	少儿节目	电视剧	纪实节目	财经报道	广告	戏剧曲艺	法制节目	体育节目	电影
	4.03	3.47	1.97	3.42	2.97	2.63	2.66	3.51	3.87	4.08	3.64	4.38	3.79	3.02	2.57

课外书	时政类	科普类	学习辅导类	鬼怪灵异	科幻探险	侦探类	悬疑幻想类	自然地理类	歌曲影视类	军事类	经典名著	青春读物	历史故事	人物传记	旅游考古	神话传奇	武侠类	漫画书
	3.78	2.81	2.30	2.44	2.20	2.61	3.00	2.79	2.25	3.52	3.38	3.52	2.61	2.48	2.57	1.68	2.13	1.48

手机	打电话	发短信	玩游戏	手机上网	看手机报	定制信息	看视频听音乐	图铃下载	看电子书	拍照或录像
	2.69	2.00	2.30	2.18	3.08	2.81	1.54	2.60	2.81	3.10

对于学校关系,作正向处理,得分越低,学校关系越好。家庭关系同理。

受访留守儿童的家庭关系和学校关系的均值得分分别为2.09和1.98,从前文对它们的赋值处理可知,得分越低,表示与家庭和学校的关系越融洽。所以,由均值得分可以判断,大部分儿童与家庭关系较为融洽,在学校的感觉也比较好。留守儿童和非留守儿童在此项上的差别不大。

对于心理机制的题目作反向处理,得分越低,孤独感越强。留守儿童的均值得分3.10,非留守儿童的均值得分为3.07,差别不大。但是,我们也发现有35.8%的儿童得分在3分以下,总体说来,留守儿童心理孤独感比预想的要健康。

二、人口背景资料对留守儿童社会化的影响

年龄与成人角色、职业理想显著相关,年龄越大,成人意识越不强烈,职业理想的学历追求越高(见表4-35);学校关系与这五项皆呈显著相关,学校关系越好,这五项社会化程度也更成熟;家庭关系与除成人角色外的其他四项皆呈显著相关,家庭关系越好,这四项社会化程度也更成熟;父母的教育程度与成人角色($r=.242**$,$p<.008$)和职业理想($r=.351**$,$p<.001$)呈显著相关,父母教育程度越高,成人意识越不强烈,职业理想的学历追求越高;性别与道德行为规范呈显著相关,男孩的道德行为规范不如女孩;是否独生子女与职业理想显著相关,独生子女比非独生子女有更高的学历追求。

表4-35 年龄与成人意识、职业理想的相关分析

		成 人 意 识
年 龄	Pearson Correlation	.242(*)
	Sig.(2-tailed)	.029
	N	81

	职 业 理 想	
年　　龄	Pearson Correlation	.436(＊＊)
	Sig.（2 - tailed）	.000
	N	81

＊　Correlation is significant at the 0.05 level (2 - tailed).
＊＊　Correlation is significant at the 0.01 level (2 - tailed).

三、媒介接触行为对留守儿童社会化的影响

媒介接触时间

报纸接触时间的长短与生活技能、道德行为规范、交往能力和成人角色都呈现显著相关，互联网的接触时间与生活技能、交往能力和成人角色呈显著相关；课外书的接触时间与生活技能、成人角色呈显著相关；广播的接触时间与道德行为规范、交往能力呈显著相关，接触时间越长，社会化的各方面状况也更成熟。

所有媒介接触时间与职业理想均无显著相关。

媒介内容偏好

收听广播的内容与儿童社会化的各项指标均无关，电视以及手机对儿童的社会化影响较为显著。

电视的谈话评论节目、戏剧曲艺节目等节目偏好与生活技能显著相关。越喜欢这两类节目，生活自理能力也越强。

电视的财经节目偏好、手机活动中喜爱玩游戏的偏好与道德行为规范显著相关。越偏好电视财经节目，道德行为也越规范；越喜爱玩手机游戏，道德行为规范表现得也越差。

电视的新闻节目、生活服务类节目、财经节目、法制节目偏好和手机活动中喜爱玩游戏的偏好与交往能力显著相关。越偏好电视的新闻节目、生活服务类节目、财经节目、法制节目，交往能力也越强；越喜爱玩手机游戏，交往能力则相对较弱。

　　电视的生活服务类节目偏好、手机活动中喜爱玩游戏的偏好与成人意识显著相关。越偏好电视的生活服务类节目，成人意识也越强；越喜爱玩手机游戏，成人意识也相对较弱。

　　电视的电影内容偏好与职业理想呈现显著相关，越喜爱电影，职业理想中的学历追求也越低。

　　从以上检验结果可以看出，电视内容产生的影响力最为突出，几乎每一个社会化结果都受到来自电视节目内容的影响。同时，手机的影响力也不可忽视，特别是玩游戏的活动偏好几乎对道德行为规范、成人意识、交往能力都产生了影响，而且都是负面的影响。

　　儿童的社会化影响来自现实生活中诸多因素的影响，为进一步厘清各种变量对儿童社会化结果的影响强度，我们进行了多元回归分析，以找出对儿童社会化影响力最强的因素。结果见表 4-36。

表 4-36　社会化各项指标的多元回归分析

Model		Unstandardized Coefficients		Standardized Coefficients	t	Sig.
		B	Std. Error	Beta		
生活	(Constant)	1.795	3.088		.581	.563
	学校关系	2.868	1.321	.276	2.171	.033
道德	(Constant)	5.682	3.409		1.667	.100
	学校关系	4.950	1.433	.439	3.456	.001
交往	(Constant)	1.988	1.375		1.446	.153
	学校关系	1.712	.547	.391	3.130	.003
	玩手机游戏	−.798	.376	−.207	−2.121	.038
	时间·报纸	.721	.332	.350	2.173	.033
成人意识	(Constant)	1.757	1.323		1.328	.188
	学校关系	1.792	.482	.372	3.716	.000
	玩手机游戏	−.828	.408	−.195	−2.031	.046
	电视·生活服务	.486	.240	.204	2.022	.047

Model		Unstandardized Coefficients		Standardized Coefficients	t	Sig.
		B	Std. Error	Beta		
职业理想	（Constant）	2.108	.692		3.046	.003
	年　　龄	.197	.063	.376	3.125	.003
	电视·电影	−.296	.113	−.262	−2.607	.011

学校关系成为影响生活技能、道德行为规范、成人意识和交往能力的强有力因素,学校关系越好,生活技能也越强,道德行为也越规范,成人角色意识也越强,交往能力也越强。学校关系成为社会化指标中的强有力影响因素,充分说明了在留守儿童中年龄段较小的儿童,所处的学校环境对其社会化影响的重要性,甚至超过家庭的影响,或者至少可以说在本次研究所测量的社会化指标上,学校环境的影响因素不可小觑。

媒介只对交往能力、成人意识和职业理想产生了影响。尤其值得注意的是,前文分析的电视的强大影响力在多元回归分析之后,反而消失了,但是玩手机游戏的活动偏好依然对交往能力和成人意识产生了强有力的影响,越是喜欢玩手机游戏,其成人意识也越不强烈,交往能力也越差。而人口背景资料中的变量并未对玩手机游戏产生显著影响,所以,我们可以推论,玩手机游戏的媒介行为直接影响了其社会化结果。在其他的媒介接触行为中,电视的生活服务类节目对成人意识、电视中的电影节目对职业理想以及看报纸的时间对交往能力均产生了显著影响。概括起来可以说,看报纸的时间越长、学校关系越好且不喜爱玩手机游戏的儿童,交往能力也越强;越喜爱电视里的电影节目、年龄越小,职业理想中的学历追求也越低;学校关系越良好、越喜爱生活服务类电视节目且不喜欢玩手机游戏的儿童,其成人角色意识也越强。那么,人口背景资料又是如何影响这些媒介接触行为的呢? 检验结果显示,年龄影响了报纸的阅读时间,年龄越大,接触报纸的时间越短;学校关系和性别对电视生活服务类节目偏好产生显著影响,学校关系越好的女生,也越喜爱电视生活服务类节目。没有任何人口变量对电视中电影节目偏好产生影响。

四、心理机制与媒介接触行为

检验发现,心理机制对媒介接触时间并没有显著影响,对留守儿童的媒介内容偏好也几乎没有影响,只有在使用手机偏好上,心理机制与使用手机玩游戏呈现显著相关($r=-.312, p<.01$),越喜爱玩手机游戏的留守儿童,其心理孤独感也越强。

而在非留守儿童那里,心理机制与课外书的青春读物偏好($r=.199, p<.05$),与广播的广播剧节目($r=.181, p<.05$)、信息节目的偏好($r=.191, p<.05$),与电视的广告节目偏好($r=.182, p<.05$)都呈显著相关,而没有显示出与手机游戏的关系。

这是一个值得注意的现象,留守儿童的心理机制只和使用手机玩游戏相关,这一相关关系显然没有出现在同是乡村儿童的非留守儿童那里,而手机作为新媒体本身在留守儿童那里的使用率比起非留守儿童也相对较高,除了通讯的功能之外,手机在留守儿童那里主要发挥着娱乐的作用。那么,这种偏好是否会影响到留守儿童的社会化状况呢?前文分析显示,玩手机游戏的偏好对交往能力和道德行为规范都产生了显著的影响。我们也许可以如此推论,在留守儿童当中,心理孤独感越强的儿童,越喜爱玩手机游戏,而越喜爱玩手机游戏的儿童,其社会化中的交往能力和道德行为规范也表现得不如其他儿童。当然,这样的推论尚需谨慎,因为检验结果也显示,心理孤独感本身也对社会化的各项指标产生了显著的影响(见表4－37)。由此,要引起我们注意的是手机这种新媒体在留守儿童那里的使用情况,比如如何使用、使用的内容、动机、为什么偏好某些功能等等。此次研究还不足以得出更加确切的结论,但是这一研究结果至少提醒我们要对新媒体尤其手机在留守儿童中所发挥的影响力和作用给予高度的重视。

表 4 - 37　心理孤独感与社会化各项指标间的相关关系

		生活技能	道德行为	交友观念	成人意识	职业理想
心理孤独感	Pearson Correlation	.412(**)	.469(**)	.317(**)	.536(**)	.414(**)
	Sig. (2 - tailed)	.000	.000	.004	.000	.000
	N	81	81	81	81	81

**　Correlation is significant at the 0. 01 level (2 - tailed).

针对 6 到 11 岁留守儿童的研究发现,在对留守儿童社会化影响因素的分析中,我们假设是心理机制影响了留守儿童的媒介接触行为,媒介接触行为进而影响了其社会化。检验结果发现,心理机制影响了留守儿童玩手机游戏,心理孤独感越弱的受访者,越喜好玩手机游戏,而玩手机游戏对留守儿童的成人意识和交往能力都有影响,越喜爱玩手机游戏,成人意识也越不强烈,交往的能力也越差。那么,是否能够如此下结论呢? 当然,由于这只是一次性研究的研究结论,还需要研究的进一步深入。

同时,研究结果也发现,留守儿童和非留守儿童的心理孤独感并无太大差异,同时,心理孤独感对媒介接触行为也几乎没有影响。但是,心理孤独感确实对留守儿童的社会化结果产生了显著的影响,也就是说,对留守儿童来说,关注其心理感受、情感感受依然是一个重点所在,因为这对其社会性发展的影响力不可忽视。

五、两个年龄段留守儿童研究结果的比较

下面我们比较一下 6 到 11 岁,12 到 18 岁留守儿童在媒介接触行为上的异同,并比较影响他们社会化的因素的异同。

　　在媒介接触率上,12 到 18 岁留守青少年各媒介接触率高低依次是电视(85.6%),课外书(83.6%),电影碟片(79.4%),杂志(45.8%),报纸(41.2%),漫画书(38.2%),手机(36.1%),互联网(33.6%)和广播(33.6%)。留守儿童的媒介接触率最高的依然是电视(92.6%),其次是课外书(64.2%)和手机(63.9%),报纸、广播和互联网的接触率都比较低,都在 25%左右。相同之处是,这两个年龄段的儿童接触率排在前两位的都是电视和课外书,而且,两个年龄段的留守儿童与同年龄段的非留守儿童相比,在接触率上都没有太大的差异;差异之处在于,留守青少年的电视接触率低于留守儿童,但是,课外书的接触率明显高于留守儿童;手机在留守青少年那里的接触率并不高,但是在留守儿童那里接触率较高;此外,留守青少年其他媒介接触率显然都高于留守儿童。

　　在媒介内容偏好上,电视剧的接触率居于首位(72.3%),其次是综艺节目(54.2%)和新闻(40.8%),动画片和法制节目也有30%左右的接触率。留守儿童比较喜爱的电视节目是动画片、电影、综艺节目、少儿节目;不喜欢的节目是戏剧曲艺、新闻和财经报道。因为年龄差异,低龄留守儿童的电视偏好更倾向于娱乐休闲。留守青少年的课外书偏好,除了青春读物(37.8%)和童话(32.4%)的接触率较高外,其他的类型基本都在 20%到 30%之间;留守儿童比较喜爱的是漫画类、神话传奇类、武侠类、科幻探险,不太喜欢的主要是军事类、时政类和经典名著、青春读物等。相同之处也是与同年龄段的非留守儿童相比,两者之间无太大差异。

　　对于 6 到 11 岁,12 到 18 岁留守儿童的社会化具体测量指标并不十分一致,但是我们还是通过比较影响其社会化的因素来发现处于不同社会心理发展阶段儿童的区别(见表 4-38)。比较发现,低龄的留守儿童的社会化结果来自人口背景资料的影响似乎更显著,尤其是学校的影响力。学校作为社会活动最重要的社会环境因素,是专门为社会化而设立的学习机构。儿童在进入学龄期之后,学校的影响逐步上升到首要位置,在这里,儿童习得与这个社会相一致的价值观和社会规范,与同龄人开始人际交往。作为这个年龄段的儿童,第一次面对校长和老师,往往会把他们视为权威,遵守那些带有强制性的行为准则。从这一点来说,学校环境对留守儿童的影响力甚至是家庭都无法比拟的。以道德行为规范的影响因素为例,相比较高龄的留守儿童,我们发现,留守低龄儿童更多地受到来自学校环境的影响,而高龄留守儿童还受到家庭关系、接触电视的时间以及是否独生子女等因素的影响,显然,其社会化的影响因素更为复杂和多元。相似之处在于,两个年龄段的儿童的道德行为规范受到人口背景资料因素的影响更为明显,而媒介的影响力并没有凸显。

表4-38 两个年龄段留守儿童社会化指标的影响因素

6到11岁儿童		12到18岁儿童	
生活技能	学校关系	生活技能	报纸新闻
道德行为规范	学校关系	道德行为规范	是否独生子女、学校关系、家庭关系、看电视时间
职业理想	电视里的电影节目、年龄	职业理想	电视法制节目、体育竞技类漫画、武侠武打类电影碟片
交往能力	报纸时间、玩手机游戏、学校关系	交往观念	年龄、性别、青春读物、科幻类电影碟片、武侠武打类电影碟片、父母教育程度、互联网接触时间、报纸娱乐内容偏好
成人意识	学校关系、玩手机游戏、电视生活服务类节目	消费观念	电视少儿节目、超人英雄类漫画书、电视综艺娱乐节目

而对于12到18岁年龄段的留守儿童来说,除了道德行为规范更多地受到人口背景资料的影响,其他社会化指标如职业理想、交往观念以及消费观念等受到的媒介影响显然在快速上升,不似低龄儿童所受到的影响更为单纯一些。

结语——谁来伴我成长？

纵观以上研究结果，本书要得出的结论和探讨的问题如下。

1. 在媒介接触和社会化状况上，不同年龄段的留守儿童有一定的差异，但是，分别与同年龄段的非留守儿童相比较，基本上没有太大的差异。尽管如此，我们发现有一些细微的影响因素也不可忽视。在传统大众媒介中，电视和课外书的媒介接触是两个年龄段的留守儿童接触率都比较高且名列前两位的媒介。但是在内容偏好上存在差异，留守青少年虽然也喜爱电视剧、综艺娱乐节目，但是同时他们也开始关注新闻节目，留守儿童还基本上把电视作为休闲娱乐的主要工具，内容偏好也基本集中在娱乐类的节目上。在要求他们填写出自己最喜爱的课外书名称时，通过比较发现，高年龄段的留守儿童的阅读面比低龄留守儿童要广泛得多，很多人已经开始阅读《红楼梦》《三国演义》等古典名著，同时还有一些经典的童话，如《格林童话》等，而低龄的儿童主要还集中在一些漫画书和神话传奇类的书籍上。王秋香在她的一项针对留守儿童的调查中也有类似的发现，即电视和课外书成为农村留守儿童接触率最高、影响最大的传统媒介。这两类媒介对留守儿童社会化的影响力在今后的研究中还需要进一步深入。

2. 关于新媒体，此次研究主要考察的是互联网和手机。留守儿童和留守青少年的网络接触率都不是很高,总的来说,留守青少年的网络接触率高于留守儿童,但是与非留守青少年相比,留守青少年的互联网接触率低于非留守青少年15%左右。而且,在本次研究中,并没有发现网络接触行为对儿童社会化产生显著影响。但是有一点必须引起注意的是,留守青少年的媒介接触率排在前三位的是电视、课外书和电影碟片,而留守儿童则依次是电视、课外书和手机,在第三位置上,留守儿童的手机接触率取代了留守青少年的电影碟片。在手机的拥有上,留守儿童和非留守儿童的比例虽然都不高,分别为18.5%和16.1%,但是,接触率都比较高,分别为63.9%和54.2%。在手机活动偏好上,留守儿童最喜欢的活动是看视频、听音乐,其次是发短信和玩游戏,不太热衷看手机报以及拍照或录像,而非留守儿童最喜欢的活动也是看视频、听音乐,其次是拍照或录像和玩游戏,而拍照或录像恰恰是留守儿童不太喜爱的活动。非留守儿童不太热衷的手机使用是看手机报,这一点,留守儿童和非留守儿童是相同的。从这里,我们可以看出不同年龄段的留守儿童在使用手机上的差异,也可以发现低年龄段的留守儿童和非留守儿童在手机使用上的区别。进一步的研究也发现,6到11岁的留守儿童的心理孤独感仅仅对其玩手机游戏的媒介偏好产生了显著影响,而玩手机游戏的媒介偏好又和这个年龄段留守儿童的多个社会化指标显著相关。所以,低龄留守儿童的手机使用应该引起我们的关注。

3. 通过对两个年龄段留守儿童影响其社会化指标的分析可以看出,低龄留守儿童社会化所受到的影响因素较高龄留守儿童更为简单。其中,来自学校的影响力更大,而各类媒介的影响力似乎并不很突出。在之前的针对6到11岁儿童的媒介接触行为与社会化结果的相关分析中,发现电视的影响力较为突出,但是在紧随其后的回归分析中,发现媒介接触行为中玩手机游戏影响力更为显著。而针对12到18岁高龄留守儿童的分析发现,他们所受到的社会化因素更为复杂，其中，媒介的作用显然比对低龄留守儿童所发挥的影响力更为强大，而且，这些因素与其他因素相互作用，共同形塑着留守青少年的社会化结果。

4. 在人口背景资料对留守儿童的媒介接触行为、电视认知程度和社会化结果的影响上，年龄和性别是一个很突出的因素，不同年龄和性别的儿童在媒介接触时间和内容偏好都有很显著的差异。性别和年龄属于人口背景资料中的自然因素，是与生俱来的自然属性，这样的差异也很好理解，男性与女性的不同以及年龄的不同，在社会心理发展特征上也会呈现自然的差异，进而也会影响到他们的媒介接触行为和社会化结果。但是同时，人口背景资料中要引起我们关注的是留守儿童中独生子女和非独生子女的区别，独生子女与非独生子女的差异主要体现在其家庭环境的影响上。

在针对低龄留守儿童的电视认知程度的测试发现，非留守儿童的均值得分(14.6)高于留守儿童(12.3)，但是，经 T 值检验，两者在电视认知程度上并无显著差异。但是在留守儿童群体里面，独生子女和非独生子女在电视认知上呈现显著相关，在非留守儿童群体内部，独生子女与非独生子女在电视认知上无显著差异。在职业理想的追求上，独生子女比非独生子女的学历追求更高。

在针对 12 到 18 岁的留守青少年社会化影响因素的分析上，我们也发现是否独生子女在回归分析中，都进入到对交往观念和道德行为规范影响的回归方程中，可见，在留守儿童中，是否为独生子女是一个很重要的影响变量。

这一结果提醒我们要注意的是，关于留守儿童的研究，如前文所言，已经有学者指出，针对留守儿童的研究应该进行细化，比如较多的针对留守儿童心理健康的影响，就应该细化留守的模式、与父母分离时儿童的年龄、与父母分离的时间、对歧视的知觉、是否有兄弟姐妹共同生活等，这些因素不同，对留守儿童的影响也有很大的差异。受此启示,那么,在针对媒介与留守儿童的社会化研究中,我们也应该关注这种不同,研究结果也证实了这一点,留守儿童中独生子女与非独生子女在电视认知上,在对社会化的影响结果上确实存在着差异。

据此,本书提出以下建议和对策:

1. 由于在儿童成长的不同阶段,各种不同的社会化环境对儿童成长的影响不同,儿童年龄越小,其社会化环境越单一,父母、家庭的影响和作用越大。随着儿童年龄的增长,特别是当儿童进入小学、中学,其社会接触的范围扩大,社会化环境渐趋复杂,加上青春期心理的变化(代沟的产生、独立性要求、逆反心理等),他们开始和父母及成人疏远甚至对立,而父母和家庭的影响相对变小。本次调查研究,通过对不同年龄段留守儿童的比较也发现,在他们的社会化过程中,在低龄,学校的影响力比较大,到高龄,媒介的影响力逐渐增大。所以,针对不同年龄段的儿童,针对其社会化的特点,重点强化社会化不同施化者的作用。尤其对于低龄的留守儿童来说,在父母缺位的情况下,家庭所发挥的影响力是有限的,这样,学校作为他们生活成长的重要环境,所起到的作用就不可低估了。在目前城乡二元的经济社会结构背景下,乡村教育本来就存在着诸多问题,如教育环境和资源拥有的不平等现象。但是,这是中国目前存在的根深蒂固的二元经济社会结构现状在教育上的一个折射,在短时期内还无法得到根本性的解决。那么,针对这个问题,对于乡村教育来说,就是利用现有的条件积极进行校园文化的建设。校园文化是学校内部形成的特定的文化环境与精神氛围,是一种亚文化,具有教育性,对生活于其中的青少年起着指导、陶冶与规范作用。和谐良好的校园文化环境,具有催人奋发向上、积极进取、开拓创新的教育力量。在校园文化的建设上,也可以积极利用新媒体的力量,如互联网。虽然本次研究当中未发现网络的强有力影响,当然这与农村地区互联网的低普及率有极大的关系,但是,我们发现,近几年来,网络在农村地区的普及率正在大幅提升,这是一个不可避免的趋势。对于儿童来说,很多人因为家庭没有网络,转而去网吧等场所上网,网吧作为乡村文化的一个重要场所,进出人员身份复杂,对于涉世未深的儿童来说,如果学校能够提供完善的网络使用环境,反而更有利于他们的健康成长。

2. 在前文针对 6 到 11 岁留守儿童的电视认知模式的研究中也发现,留守儿童的电视认知程度并不高,尤其是对电视在电视工业、劝服、刻板印象等电视内涵意义上,留守儿童的认知是非常有限的,所以,据此,我们建议在教师和儿童中开展媒介素质教育。关于如何开展媒介素养教育,这要结合中国的国情以及农村地区的特点来展开。

首先,要培养农村中小学教师的媒介素养,这是培养学生的媒介素养的前提。有研究表明,农村中小学老师普遍缺乏媒介素养。在现有的情况下,需要教育部门采取多种渠道,如通过发放媒介素养方面的书籍以及采取短期培训等方式,来提高中小学教师的媒介素养。针对学生,倪琳就提出,应该在全国范围制定针对不同年级和年龄段的学生的媒介素养基本标准,组织全国媒介素养研究的专家制订媒介素养的课程体系,然后由各地区教育行政部门、试点学校组织专家研制编写符合本地区特点的课程与教材,特别是城市与农村、少数民族地区需要从学生成长环境与个性化视角编写教学内容。例如,城市儿童与农村儿童对同一则广告的感受与看法一定存在着较大差异性,不同经济条件下的儿童对新媒介的使用与认知也是不尽相同的。因此,媒介素养课程需要在国家标准与地方特色之间达成互补平衡,以及尊重授课对象的现实条件与文化语境,只有这样才能得到有效的推广与接纳[1]。在实际的授课当中,笔者认为,如果作为一门课程无论是必修课还是选修课

---

[1]　倪琳:《迷失在媒介图景丛林中的无助小孩》,中国青少年研究网。

直接纳入到课堂教授体系中,在目前的情况下,可能还有一些困难。我们建议的方式是,贯穿于中小学生的日常教学实践当中,以课外实践活动的方式融入其中。如组织参观、游戏、课外小组活动等,把媒介素养教育的知识、理念和思想影响传授给学生。

3. 留守儿童社会化的过程和结果,并不是每一个单一因素的作用。如前文所述,它是各种因素共同作用的结果,留守儿童的问题虽然表现为家庭的结构发生变化,但是对留守儿童的影响却是多种因素交织在一起共同作用的结果。特别是乡村村庄文化的影响,作为留守儿童成长的一个重要社区环境,它所起到的作用是不可忽视的。而我们必须面对的一个事实是,乡村本土文化秩序处于迅速瓦解之中。更为关键的是乡村文化价值体系的解体。社会的急剧变迁,乡村文化的衰落也成为一个残酷的现实。这其中,大众媒介就起到了不可忽视的作用。在生活的形态上,由于电视在农村家庭的普及,人们在村落中不再有一个共同聚集地,从形式上看,过去的乡村社会的相对稳定的、统一的价值体系解体,当人们都在各自的房间里接受电视所带来的信息和价值观念的影响时,儿童因为缺乏判断力和批判力,所受到的影响其实是无拘无束、放任而自由的。如何重建乡村价值体系和村路文化,这其实是一个宏大的命题,某一措施或者某一项政策并不能解决问题,因为我们面对的还有来自于精神世界的变化,它的重塑和建造并非一朝一夕。但是,我们同时也不能忽视形式的重要性,比如过去村落中的某些聚集地,正是村中老少饭后茶余谈天说地的大众场所,在这个大众场所中,社区作为小型、紧密的地方性共同体被需要,也是在情感和社会认知意义上的。威尔金森等人认为,社区是个体人格成长的主要影响要素,它是个体与社会联系之所,是家庭之外的社会体验的最初领域,是直接表达人走向联合的舞台,可以培养独特的集体责任态度;也是人满足需求,特别是避免社会孤独感的基石。而如今,这样的场所已经成为曾经有过乡村生活经历的人的回忆。本次调查结果显示，无论低龄的留守儿童还是高龄的留守儿童，电视和课外书是他们接触率最高的两类媒介。在这里，笔者更倾向于充分利用留守儿童这一媒介接触特征，增强课外书籍的影响力，减少对电视的依赖性。而据笔者在调查中了解，在农村地区并不具备像城市地区那样完备的公共文化生活设施，而且，在一些农村地区，虽然也建立了一些公共图书室，但是因为管理不善，常常造成很大的资源浪费。所以，本研究的建议是，在农村的村庄里，专门辟出一块公共用地，建成集儿童乐园和老人健身场所于一体的村落聚集地，首先在形式上，让现在多是儿童和老人留守的农村村落中有一个可供聚集的地方。并且，建议把村庄的公共图书室也建在这个公共活动空间的旁边，共同构建一个集文化、休闲、娱乐、健身于一体的村落公共场所。

4. 在本次研究中，我们发现手机的影响力不可小觑。尤其针对6到11岁的低龄留守儿童的研究发现，心理孤独感只对玩手机游戏的活动偏好产生了影响。虽然，这一次的研究还不足以让我们得出比较肯定的结论。但是，互联网对高龄和低龄的留守儿童的影响力均不显著的结果让我们更加不可忽视手机的作用。目前，农村儿童的手机拥有率虽然不高，但是，接触率却不低。留守家庭一般为了方便联系，都会为子女或者监护人配备手机，这在某种程度也提高了留守儿童使用手机的便利性和可能性。

主要参考文献

1. 卜卫：《大众媒介对儿童的影响》，新华出版社，2002 年版。

2. 张国良：《中国发展传播学》，浙江大学出版社，2010 年版。

3. 郭建斌：《独乡电视：现代传媒与少数民族乡村日常生活》，山东人民出版社，2005 年版。

4. 叶敬忠：《关注留守儿童：中国中西部农村地区劳动力外出务工对留守儿童的影响》，社会科学文献出版社，2005 年版。

5. 王露露：《乡土伦理》，人民出版社，2008 年版。

6. 尹鸿、黄会林主编：《当代中国大众文化研究》，北京师范大学，1998 年版。

7. 陆学艺主编：《当代中国社会地位阶层研究报告》，社会科学文献出版社，2002 版。

8. 刘金花主编：《儿童发展心理学》，华东师范大学出版社，1997 年版。

9. 杨雄、姚佩宽等著：《青春与性：1989—1999，中国城市青少年的性意识与性行为》，上海人民出版社，2002 年版。

10. 陈舒平：《儿童电视学》，北京广播学院出版社，2003 年版。

11. 张令振：《电视与儿童》，人民教育出版社，1998 年版。

12. 梁能建：《当代认知心理学》，上海教育出版社，2003年版。

13. 戴彗思、卢汉龙：《中国城市的消费革命》，上海社会科学院出版社，2003年版。

14. 张文俊主编：《数字时代的影视艺术》，学林出版社，2003年版。

15. 常昌富、李依倩编选，关世杰等译：《大众传播学：影响研究范式》，中国社会科学出版社，2000年版。

16. 周葆华：《效果研究：人类传受观念与行为的变迁》，复旦大学出版社，2008年版。

17. 李沛良：《社会研究的统计分析》，社会科学文献出版社，2002年版。

18. 柯惠新、祝建华、孙江华编著：《传播统计学》，北京广播学院出版社，2003年版。

19. 吴翠珍：《电视形式特质对儿童与电视研究的启示——从注意力与理解的研究发现谈起》，载《广播与电视》创刊号，1992年7月。

20. 王玲宁：《社会学视野下的媒介暴力效果研究》，学林出版社，2009年版。

21. 陆晔等著：《媒介素养：理念、认知、参与》，经济科学出版社，2010年版。

22. ［美］艾尔·巴比著，邱泽奇译：《电视与乡村社会变迁——对印度两村庄的民族志调查》，华夏出版社，2002版。

23. ［美］柯克·约翰逊著，展明辉、张金玺译：《电视与乡村社会变迁——对印度两村庄的民族志调查》，中国人民大学出版社，2005版。

24. ［美］尼尔·波兹曼著，吴燕莛译：《童年的消逝》，广西师范大学出版社，2004版。

25. 〔英〕迈克·费瑟斯通著,刘精明译:《消费文化和后现代主义》,译林出版社,2000 年版。

26. 〔美〕马克·波斯特:《第二媒介时代》,南京大学出版社,2001 年版。

27. 〔美〕罗杰·菲德勒:《媒介形态变化:认识新媒介》,华夏出版社,2000 年版。

28. 〔美〕埃里克·H·埃里克森著,孙名之译:《同一性:青少年与危机》,浙江教育出版社,1998 年版。

29. 〔美〕玛格丽特·米德著,周晓红、周怡译:《文化与承诺:一项有关代沟问题的研究》。

30. 〔澳〕马尔科姆·沃斯特:《现代社会学理论》,华夏出版社,2000 年版。

31. 〔美〕埃里克·H·埃里克森著,孙名之译:《同一性:青少年与危机》,浙江教育出版社,1998 年版。

32. Shearon A. Lowery and Melvin L. De Fleur: *Milestones In Mass Communication Researcher: Media Effect* , Longman Inc,1988 年版。

33. Edited by Martin Barker and Julian Petley: *Ill Effect: The media/violence debate* ,First published 1997 by Routledge.

34. Victor C. Strasburger and Barbara J. Wilson: *Children, Adolescents and the Media* Sage publication,Inc 2002 年版。

35. Keitb Roe and Daniel Muijs: *Children and Computer Game: A Profile of the Heavy User* , European Journal of Communication,Vol. 13(2): 1998,p181 - 200.

36. Dominique Pasquier, Carlo Buzzi, Leen d'Haenens and Ulrika Sjoberg: *Family Lifestyles and Media Use Patterns* , European Journal of Communication, Vol. 13 (4): 1998, p503 -519.

37. David Buckingbam: *ReviewEssay: Children of the Electronic Age? Digital Media and New Generational Rhetoric*, European Journal of Communication, Vol. 13 (4): 1998, p557 -565.

38. Hortin, J. A. (1980): *Visual literacy and visual thinking*. (ERIC Document Reproduction Service No. ED 214 522).

附录一 《电视认知模式量表》

1 电视广告中所出现的赠品和真的赠品一样　1□是　2□不是
　　大小　　　　　　　　　　　　　　　　　3□不知道

2 大多数电视新闻内容出现的顺序是经过刻　1□是　2□不是
　　意安排的　　　　　　　　　　　　　　3□不知道

3 电视台可能会因为某些原因而改变原来已　1□是　2□不是
　　经拍好的内容　　　　　　　　　　　　3□不知道

4 歌星上电视节目时,对问题的回答都是临场　1□是　2□不是
　　表现的　　　　　　　　　　　　　　　3□不知道

5 我们所看到的电视剧的节目内容都是真实　1□是　2□不是
　　发生的事情　　　　　　　　　　　　　3□不知道

6 电视广告要花很多钱,但是这些钱都是商家　1□是　2□不是
　　出的,我们花的钱只是买产品,并没有负担　3□不知道
　　广告费用

7 电视新闻中每一个出现的画面都是当天拍　1□是　2□不是
　　回来的　　　　　　　　　　　　　　　3□不知道

8 电视剧情都是靠画面来连接,音乐或音效一　1□是　2□不是
　　点都不重要,只是随便安排上去的　　　3□不知道

9　电视剧中的警察使用的一定是真的枪,真的　　1□是　2□不是
　　子弹　　　　　　　　　　　　　　　　　　3□不知道

10　歌星在电视综艺节目上唱歌都是现场的　　1□是　2□不是
　　演唱　　　　　　　　　　　　　　　　　　3□不知道

11　商品老板出钱赞助某电视节目,那么他可　　1□是　2□不是
　　能会影响节目内容和播出时间　　　　　　3□不知道

12　电视新闻的主要目的是报道真正发生的　　1□是　2□不是
　　事情　　　　　　　　　　　　　　　　　　3□不知道

13　电视广告时间可以随便播多久就播多久,　　1□是　2□不是
　　没有人可以限制他们　　　　　　　　　　　3□不知道

14　电视广告可以用某些方法(例如特写)使产　　1□是　2□不是
　　品变大　　　　　　　　　　　　　　　　　3□不知道

15　卡通影片中所听到的撞击、关门、跑步等声　　1□是　2□不是
　　音都是卡通角色发出来的　　　　　　　　　3□不知道

16　歌星上电视唱歌主要是为了自己的兴趣,　　1□是　2□不是
　　并不是来推销自己的唱片或录音带　　　　　3□不知道

17　卡通影片中如果主角遭遇危险,配乐节奏　　1□是　2□不是
　　会改变　　　　　　　　　　　　　　　　　3□不知道

18　在电视剧中所有演爸爸和小孩的演员,不　　1□是　2□不是
　　演戏的时候也是生活在一起,因为他们是　　3□不知道
　　真的有父子关系

19　儿童用品的电视广告会以小朋友为广告中　　1□是　2□不是
　　的主角来吸引我们　　　　　　　　　　　　3□不知道

20　电视广告因为时间很短,所以每个画面变　　1□是　2□不是
　　化很快　　　　　　　　　　　　　　　　　3□不知道

21　唱片公司的老板要歌星多上节目是因为上　　1□是　2□不是
　　电视宣传可以让唱片卖得更好　　　　　　　3□不知道

22	电视剧中的医生角色大多数是由女生来演的	1□是　2□不是 3□不知道
23	电视广告中说没有拥有某项产品你就太落伍了,是为了让我们买他的东西	1□是　2□不是 3□不知道
24	有些广告要我们爱护环境、保护动物,最后片尾出现赞助厂商和产品名称,是广告商在打知名度	1□是　2□不是 3□不知道
25	电视剧中刀剑打斗所发出的械斗声是打斗的人发出的	1□是　2□不是 3□不知道
26	电视公益广告的目的是希望我们加入某项行动	1□是　2□不是 3□不知道
27	人物传记电视剧中所演的每一件事情,都是实实在在的	1□是　2□不是 3□不知道
28	电视广告中的人、物可以利用特殊技术来任意变形	1□是　2□不是 3□不知道
29	电视工作人员可以运用一些方法把 20 年来发生的故事,在 60 分钟的电视剧中表演完	1□是　2□不是 3□不知道
30	电视广告中人可以在钢琴上跳舞是因为那个人体重很轻	1□是　2□不是 3□不知道
31	拍一部电视剧,只要找到演员就可以了	1□是　2□不是 3□不知道
32	电视广告常配合好听或者容易学的歌曲,使广告产品令人印象深刻	1□是　2□不是 3□不知道
33	我们可以在电视剧中的同一个画面上,同时看到打电话的人和接电话的人在交谈	1□是　2□不是 3□不知道
34	电视食品广告中的人物是因为真的喜欢吃那个产品才去拍广告	1□是　2□不是 3□不知道

| 35 | 电视剧中要表现从白天到晚上的过程,那么演员就从早上一直演到晚上 | 1□是　2□不是
3□不知道 |

35　电视剧中要表现从白天到晚上的过程,那　1□是　2□不是
　　么演员就从早上一直演到晚上　　　　　　3□不知道

36　一小时的连续剧,演员只要一小时就拍　1□是　2□不是
　　完了　　　　　　　　　　　　　　　　3□不知道

37　电视广告常说某糖果、饼干或饮料添加了　1□是　2□不是
　　营养成分,多吃对我们有益　　　　　　　3□不知道

38　电视广告如果说某药很好,那么生病时我　1□是　2□不是
　　们可以直接到药房买这种药来吃　　　　　3□不知道

39　一位很有名的人说他相信某项产品很好,　1□是　2□不是
　　那么这项产品一定很好,名人是不会骗　　3□不知道
　　人的

40　在电视上做广告的产品,会比不做广告的　1□是　2□不是
　　产品品质好,值得信赖　　　　　　　　　3□不知道

41　电视剧中常有演员饰演爱抽烟角色,所以　1□是　2□不是
　　那个演员不演戏的时候,也一定爱抽烟　　3□不知道

42　在电视剧中,男主角的父亲被仇人杀死了,　1□是　2□不是
　　那么他去报仇是正当的行为　　　　　　　3□不知道

43　电视节目中的争吵、打架情节次数远多于　1□是　2□不是
　　我们日常生活中的实际状况　　　　　　　3□不知道

44　电视剧中好多好多的争吵、打架的情节,都　1□是　2□不是
　　是剧情一定需要的　　　　　　　　　　　3□不知道

45　在我们日常生活中的小鸟可以像卡通影片　1□是　2□不是
　　中的小鸟一样,飞得比飞机快　　　　　　3□不知道

46　卡通中的男生通常比较强壮,不需要别人　1□是　2□不是
　　帮助,因为事实上男生都这样　　　　　　3□不知道

47　如果某电视剧中需要工程师的角色,导演　1□是　2□不是
　　应该找男生来演　　　　　　　　　　　　3□不知道

48	只有用动作比如打人才算一种暴力的行为,骂人则不算是暴力的行为	1□是　2□不是 3□不知道
49	电视新闻有时会替自己或别人做广告做宣传	1□是　2□不是 3□不知道
50	电视剧的收视率好,电视台的老板会要再多演几集或拍续集,通常都说是服务观众,实际也是这样的	1□是　2□不是 3□不知道
51	综艺节目中常有观众鼓掌叫好,是因为现场节目很精彩	1□是　2□不是 3□不知道
52	广告中球员穿了某厂牌的球鞋就跳得高,我们如果买同样的鞋子穿,也可以和他跳得一样高	1□是　2□不是 3□不知道

我们的访问到此结束,衷心谢谢您的合作!

附录二 《媒介对农村留守儿童的 社会化影响》调查问卷一

亲爱的同学：

　　您好！本调查目的是了解大众媒介对当代儿童和青少年的影响，为此，要占有您的一些宝贵时间，相信能得到您的理解和支持。您的个人资料绝不对外公布，希望大家能够如实填写。在填写问卷时，请注意下列事项：

　　1. 这不是考试，答案没有对和错之分，你只要按照你的实际情况回答就可以。

　　2. 其中一些问题是多项选择题，你可以选择多个答案，如果备选答案中没有，请你选择最后一项并填写出。

　　3. 第38题包括两个问题。

衷心谢谢您的合作！

第一部分　媒介接触行为

1　你家里有以下物品吗？如果有，请划"√"。

黑白电视机	彩色电视机	VCD或DVD	电话	电子游戏机	电脑	收音机	数码相机	DV或摄像机

2 你接触以下媒介的情况,请在符合你情况的方框中划"√"。

	电视	广播	报纸	杂志	课外书	互联网	手机	mp3/4
几乎每天(6—7 天/周)								
经常(4—5 天/周)								
有时(2—3 天/周)								
偶尔(1—2 天/周)								
从不								

3 你上周平均每天接触以下媒介的时间,请在符合你情况的方框中划"√"。

	电视	广播	报纸	杂志	课外书	互联网	手机	mp3/4
120 分钟以上								
60—120 分钟								
30—60 分钟								
1—30 分钟								
未接触								

4 你可以支配的自由时间(自由时间指的是除去做作业、生活必须以及上课之外所余时间):
1□半小时以内;2□1 小时左右;3□1 到 2 小时;4□2—3 小时;5□3 小时以上;6□没有

5 选出三项你比较频繁的课余活动,并按从高到低的顺序排列:
_____,_____,_____
1□做作业 2□读报纸 3□看课外书 4□看电视 5□看电影或碟片 6□打游戏 7□上网 8□和朋友或家人出去玩 9□做家务 10□听音乐 11□听广播 12□读杂志 13□打手机或发短信 14□参加辅导班 15□其它(请写出:_____)

6 你看电视的内容主要是(可多选)

1□新闻 2□科教节目 3□动画片 4□少儿节目 5□综艺、娱乐节目 6□电视剧 7□戏剧、曲艺节目 8□谈话、评论节目 9□法制节目 10□纪录片 11□生活服务节目 12□广告 13□其它(请写出:＿＿＿＿＿)

7 最多举出三个你喜欢的电视节目名称＿＿＿＿＿,＿＿＿＿＿,
＿＿＿＿＿

8 最多举出三部你喜欢的电视剧的名字＿＿＿＿＿,＿＿＿＿＿,
＿＿＿＿＿

9 举出三部你喜欢的动画片的名称＿＿＿＿＿,＿＿＿＿＿,
＿＿＿＿＿

10 你读报吗? 1□读 2□不读➡请跳到第12题

11 你读报的内容主要是(可多选)

1□新闻 2□科普知识 3□漫画 4□体育 5□娱乐 6□评论 7□副刊 8□理论文章 9□读者来信 10□生活服务信息 11□股票理财 12□广告 13□其它(请写出:＿＿＿＿＿)

12 最多举出三份你经常阅读的报纸＿＿＿＿＿,＿＿＿＿＿,
＿＿＿＿＿

13 你阅读课外书(包括网络书籍)的类型主要是:

1□社会知识 2□漫画类 3□科普类 4□学习辅导 5□鬼怪灵异 6□探险故事 7□侦探 8□悬幻类 9□军事类 10□武侠 11□童话 12□儿童的生活故事 13□青春读物 14□名著 15□人物传记 16□历史故事 17□旅游考古 18□其它(请写出:＿＿＿＿＿)

14 最多举出三本你喜欢的课外书的名称＿＿＿＿＿,＿＿＿＿＿,
＿＿＿＿＿

15 你看杂志吗? 1□看 2□不看➡请跳到第18题

16 你阅读的杂志类型主要是(可多选)：

1□时政类 2□人物类 3□时尚类 4□情感类 5□社科类 6□自然地理类 7□军事类 8□歌曲类 9□影视类 10□其它(请写出：_____)

17 你平均一周看_____本杂志;平均每天花费_____分钟

18 最多举出三个你喜欢的杂志名称 _____,_____,
_____

19 你看漫画书吗？ 1□看 2□不看➡请跳到第25题

20 你平均一周看几本漫画书? _____本;平均每天看漫画书的时间：_____分钟

21 你喜欢的漫画书的类型：(可多选)

1□体育竞技 2□武侠功夫 3□悬疑鬼怪 4□科幻冒险 5□幽默好笑 6□神话传奇 7□浪漫爱情 8□动作爆笑 9□恐怖暴力 10□超人英雄 11□历史故事 12□古典文学 13□益智类 14□其它(请写出：_____)

22 最多举出三个你喜欢的漫画书的名称：_____,_____,
_____

23 最多举出三个你喜欢的漫画书里的角色：_____,_____,
_____

24 你平均一个月看几部电影或者碟片？_____部

25 你喜欢的电影或者碟片的类型：

1□武打或武侠片 2□警匪片 3□言情片 4□战争片 5□英雄或伟人的故事片 6□科幻片 7□恐怖片 8□少儿或青少年生活的影片 9□喜剧片 10□其它(请写出：_____)

26 最多举出三部你喜欢的电影或碟片的名称_____,_____,
_____

27 最多举出三部你喜欢的影视明星 _____,_____,

28 你上网吗？ 1□上 2□不上➡请跳到第36题

29 你经常上网的地方 1□家里 2□学校 3□网吧 4□其它
（请写出：_____）

30 你上网的主要活动（可多选）：
1□看新闻 2□查找学习资料 3□玩游戏 4□聊天 5□
收发电子邮件 6□下载软件 7□购物 8□听音乐 9□看
影视、视频 10□在论坛、BBS、讨论组发帖、跟帖 11□写博
客 12□搜索引擎 13□晒东西 14□加入圈子 15□网上
阅读 16□其它（请写出：_____）

31 你喜欢的网站类型（可多选）：
1□综合类 2□娱乐时尚 3□交友聊天 4□游戏 5□新
闻媒体 6□教育学习 7□文学类 8□购物类 9□占卜星
座类 10□社交类 11□性爱色情 12□其他（请写
出：_____）

32 最多举出三个你经常访问的网站名称_____，_____，
_____

33 最多举出三个你喜欢的网络游戏的名称_____，_____，
_____

34 最多举出三个你喜欢的游戏中的角色_____，_____，
_____

35 你有手机吗？ 1□有 2□没有 请跳到第36题

36 你使用手机主要是用来？（可多选）：
1□打电话 2□发短信 3□玩游戏 4□手机上网 5□看
手机报 6□信息预订 7□听音乐 8□图铃下载 9□看视
频 10□在线游戏 11□浏览广告 12□移动定位
13□WAP浏览 14□看电子书 15□拍照或录像 17□其
它（请写出：_____）

第二部分　个人背景

1　你是：1□男孩　2□女孩

2　你的年龄：_____岁

3　你的年级是：_____年级

4　你是独生子女吗？　1□是 2□不是

5　你家有人在外打工吗？1□有 2□没有➡请跳到第9题

6　谁在外面打工？1□爸爸 2□妈妈　3□父母都在外边 4□其他人（请写出：_____）

7　爸爸每年外出打工的时间？
　　1□一个月以下　2□1—3个月　3□4—6个月　4□7—9个月　5□9个月以上

8　妈妈每年外出打工的时间？
　　1□一个月以下　2□1—3个月　3□4—6个月　4□7—9个月　5□9个月以上

9　你的学习成绩在班级居于：1□前十名　2□前二十名　3□中等　4□后二十名　5□后十名

10　你父亲的文化程度：1□小学及以下　2□初中　3□高中　4□大学　5□研究生

11　你母亲的文化程度：1□小学及以下　2□初中　3□高中　4□大学　5□研究生

12　你平时和谁住在一起？请在符合你情况的方框中划"√"：
　　1□爸爸　2□妈妈　3□爸爸和妈妈　4□爷爷　5□奶奶
　　6□外公　7□外婆　8□兄弟姐妹　9□自己住　10□老师
　　11□亲戚　12□其它人（请写出：_____）

13　你在学校里的感觉如何？请在符合你情况的方框中划"√"。

	非常符合	比较符合	不太符合	不符合	很不符合
13.1 我在我们班很愉快	1□	2□	3□	4□	5□
13.2 在班里我是个受欢迎的人	1□	2□	3□	4□	5□
13.3 我讨厌学校	1□	2□	3□	4□	5□
13.4 在班里,我是个重要的人	1□	2□	3□	4□	5□
13.5 老师认为我不是个好学生	1□	2□	3□	4□	5□
13.6 我和同学们的关系很好	1□	2□	3□	4□	5□

14 你在家里的感觉如何？请在符合你情况的方框中划"√"。

	非常符合	比较符合	不太符合	不符合	很不符合
14.1 家里人只关心我的学习	1□	2□	3□	4□	5□
14.2 我很关心我的家庭	1□	2□	3□	4□	5□
14.3 我感觉不愉快	1□	2□	3□	4□	5□
14.4 我与家人相处得很融洽	1□	2□	3□	4□	5□
14.5 爸爸和妈妈的关系不好	1□	2□	3□	4□	5□

第三部分 社会化指标

1 你的性格是,请在符合你情况的方框中划"√"

	非常符合	比较符合	不太符合	不符合	很不符合
1.1 合群	1□	2□	3□	4□	5□
1.2 依赖心理强	1□	2□	3□	4□	5□
1.3 胆小	1□	2□	3□	4□	5□
1.4 任性	1□	2□	3□	4□	5□
1.5 勤快	1□	2□	3□	4□	5□
1.6 有主见	1□	2□	3□	4□	5□
1.7 娇气	1□	2□	3□	4□	5□
1.8 善于与人交流	1□	2□	3□	4□	5□
1.9 孤僻内向	1□	2□	3□	4□	5□
1.10 自卑	1□	2□	3□	4□	5□
1.11 抑郁	1□	2□	3□	4□	5□
1.12 易冲动	1□	2□	3□	4□	5□
1.13 有爱心	1□	2□	3□	4□	5□

2 你是否能够：请在符合你情况的方框中划"√"

	非常符合	比较符合	不太符合	不符合	很不符合
2.1 独自理发	1□	2□	3□	4□	5□
2.2 独自看病	1□	2□	3□	4□	5□
2.3 骑车上街	1□	2□	3□	4□	5□
2.4 独自乘车	1□	2□	3□	4□	5□
2.5 帮家人照看更小的孩子	1□	2□	3□	4□	5□
2.6 照顾生病的家人	1□	2□	3□	4□	5□
2.7 帮助家人做家务	1□	2□	3□	4□	5□
2.8 自己整理床铺	1□	2□	3□	4□	5□

3 你平时的行为：请在符合你情况的方框中划"√"

	非常符合	比较符合	不太符合	不符合	很不符合
3.1 遵守学习纪律	1□	2□	3□	4□	5□
3.2 讲究文明礼貌	1□	2□	3□	4□	5□
3.3 主动帮助家长干活	1□	2□	3□	4□	5□
3.4 经常锻炼身体	1□	2□	3□	4□	5□
3.5 讲究个人卫生	1□	2□	3□	4□	5□
3.6 爱护公物	1□	2□	3□	4□	5□
3.7 团结同学	1□	2□	3□	4□	5□
3.8 尊敬师长	1□	2□	3□	4□	5□
3.9 节约水电	1□	2□	3□	4□	5□
3.10 诚实守信	1□	2□	3□	4□	5□
3.11 积极参加集体活动	1□	2□	3□	4□	5□
3.12 骂人	1□	2□	3□	4□	5□
3.13 打架	1□	2□	3□	4□	5□
3.14 撒谎	1□	2□	3□	4□	5□

4 你交朋友看重的是：请在符合你情况的方框中划"√"

	非常重要	比较重要	不太重要	不重要	非常不重要
4.1 讲情义	1□	2□	3□	4□	5□
4.2 互相帮助	1□	2□	3□	4□	5□
4.3 成绩好	1□	2□	3□	4□	5□
4.4 有钱	1□	2□	3□	4□	5□
4.5 长相好	1□	2□	3□	4□	5□
4.6 其他_____	1□	2□	3□	4□	5□

5 你交往的情况是：请在符合你情况的方框中划"√"

	非常符合	比较符合	不太符合	不符合	很不符合
5.1 我与同学关系好	1□	2□	3□	4□	5□
5.2 我能够很快结识新朋友	1□	2□	3□	4□	5□
5.3 我经常感到孤独	1□	2□	3□	4□	5□
5.4 我的交往能力很强	1□	2□	3□	4□	5□

6 你现实生活中的好朋友的数目大约有_____个

7 你的网上好友数目大约有_____个

8 如果能自由的选择职业，你的理想是什么(请填写)：当一名_____

9 你最后想达到的学历是什么？1□初中 1□高中 2□中专 3□大专 4□大学 5□研究生

10 你对以下说法的看法是：请在符合你情况的方框中划"√"

	非常符合	比较符合	不太符合	不符合	很不符合
10.1 作为学生，花钱应该非常节俭	1□	2□	3□	4□	5□
10.2 在物质方面与同学攀比，只是出于个人的虚荣心，此外没有意义	1□	2□	3□	4□	5□

	非常符合	比较符合	不太符合	不符合	很不符合
10.3　花钱时要大方,否则让人看不起	1□	2□	3□	4□	5□
10.4　没有名牌手机,会让同学看不起	1□	2□	3□	4□	5□
10.5　买东西应注重实用性而不是品牌	1□	2□	3□	4□	5□
10.6　我不想和同学买一样的东西,那样很没个性	1□	2□	3□	4□	5□
10.7　父母挣钱不容易,不应该乱花钱	1□	2□	3□	4□	5□
10.8　买东西时,不能受广告宣传影响	1□	2□	3□	4□	5□
10.9　名牌的东西代表时尚	1□	2□	3□	4□	5□
10.10　要懂得享受,该花钱时要舍得花	1□	2□	3□	4□	5□
10.11　流行和新奇的东西就是好	1□	2□	3□	4□	5□
10.12　穿着打扮能体现出一个人的个性	1□	2□	3□	4□	5□

11　你对以下说法的看法是：请在符合你情况的方框中划"√"

	非常符合	比较符合	不太符合	不符合	很不符合
11.1　我觉得将来的生活可以过得很愉快	1□	2□	3□	4□	5□
11.2　我没有想过未来会干什么	1□	2□	3□	4□	5□
11.3　我对未来有明确的目标,并且现在正逐步努力去达成	1□	2□	3□	4□	5□
11.4　未来实在太难确定了,所以做任何事情都没有必要那么认真	1□	2□	3□	4□	5□

续　表

	非常符合	比较符合	不太符合	不符合	很不符合
11.5 我觉得许多地方不如别人	1□	2□	3□	4□	5□
11.6 我不认为自己这一生能做什么有意义的事	1□	2□	3□	4□	5□
11.7 我非常清楚自己有什么优点和缺点	1□	2□	3□	4□	5□
11.8 如果有下辈子,我仍然愿意是现在的我	1□	2□	3□	4□	5□
11.9 人与人之间的关系就是金钱关系	1□	2□	3□	4□	5□
11.10 做人要乐施行善,帮助别人,关怀别人	1□	2□	3□	4□	5□
11.11 我要专心投入到学习中是很困难的	1□	2□	3□	4□	5□
11.12 我比较独立,自己的事情自己做主	1□	2□	3□	4□	5□
11.13 我曾经因为觉得自己能力太差而放弃做某些事情的机会	1□	2□	3□	4□	5□
11.14 我还没有决定要做什么样的工作,反正将来有什么就做什么	1□	2□	3□	4□	5□
11.15 要我集中精神在学习上,并不会有什么困难	1□	2□	3□	4□	5□
11.16 我是一个顺从听话的学生	1□	2□	3□	4□	5□
11.17 我已经找到了一种有意义的生活方式	1□	2□	3□	4□	5□
11.18 我已经找到了我的信仰	1□	2□	3□	4□	5□
11.19 有时候我会觉得过得实在毫无意义	1□	2□	3□	4□	5□
11.20 我一直不知道自己真正的信仰是什么	1□	2□	3□	4□	5□

	非常符合	比较符合	不太符合	不符合	很不符合
11.21　我不喜欢试探和尝试新的事物	1□	2□	3□	4□	5□
11.22　我从不跟权威人物交往,以免招致挫折	1□	2□	3□	4□	5□
11.23　当面对问题时,我很喜欢去尝试各种不同的解决办法	1□	2□	3□	4□	5□
11.24　我曾想到许多值得去做的事,但我经常犹豫不决不敢去尝试	1□	2□	3□	4□	5□
11.25　和那些比我优秀的人在一起,我常常会觉得很烦扰	1□	2□	3□	4□	5□
11.26　对我而言,和权威人物相处相当困难	1□	2□	3□	4□	5□
11.27　我喜欢尝试新的角色和工作	1□	2□	3□	4□	5□

12　你对以下说法的看法是：请在符合你情况的方框中划"√"

	非常符合	比较符合	不太符合	不符合	很不符合
12.1　不愁吃穿,平安过普通人的日子就好	1□	2□	3□	4□	5□
12.2　勤俭节约已经过时,生活就该好好享受	1□	2□	3□	4□	5□
12.3　有钱有权的生活才是幸福的生活	1□	2□	3□	4□	5□
12.4　吃得苦中苦,方为人上人	1□	2□	3□	4□	5□
12.5　我认为社会安定、国家安全很重要	1□	2□	3□	4□	5□
12.6　行为举止要有礼貌有教养	1□	2□	3□	4□	5□

续 表

	非常符合	比较符合	不太符合	不符合	很不符合
12.7 父母年老的时候,应该照顾他们	1□	2□	3□	4□	5□
12.8 尊重长辈是中华美德	1□	2□	3□	4□	5□
12.9 对自己所做的选择和决定要负责任	1□	2□	3□	4□	5□
12.10 环境保护很重要	1□	2□	3□	4□	5□
12.11 思想和言论自由很重要	1□	2□	3□	4□	5□
12.12 与全部人类的利益相比,自己国家的利益更重要	1□	2□	3□	4□	5□
12.13 我认为受到其他人的尊重是很重要的	1□	2□	3□	4□	5□
12.14 我是一个有信仰的人	1□	2□	3□	4□	5□
12.15 我爱当班干部,因为能够管别的同学	1□	2□	3□	4□	5□
12.16 我不知道自己的信仰是什么	1□	2□	3□	4□	5□
12.17 有钱就有了一切	1□	2□	3□	4□	5□
12.18 我将来的理想就是要挣大钱	1□	2□	3□	4□	5□
12.19 有钱是过上幸福生活的基础	1□	2□	3□	4□	5□
12.20 钱很重要,但是钱并非万能的	1□	2□	3□	4□	5□
12.21 我愿意把自己的零花钱捐给灾区人民	1□	2□	3□	4□	5□
12.22 不分贫富,人人都是平等的	1□	2□	3□	4□	5□
12.23 即使是错误的法律,在它修正之前也应遵守	1□	2□	3□	4□	5□

续　表

	非常符合	比较符合	不太符合	不符合	很不符合
12.24　个人幸福比国家和社会的发展更重要	1□	2□	3□	4□	5□
12.25　在班级的选举中,我会积极地参加投票	1□	2□	3□	4□	5□
12.26　本来是与他人一起做坏事,而只有自己受到了惩罚,这是不公平的	1□	2□	3□	4□	5□

13　你是否有过以下念头？请在符合你情况的方框中划"√"

	经常有	偶尔有	没有
13.1　离家出走	1□	2□	3□
13.2　感觉自己被遗弃了	1□	2□	3□
13.3　大病一场	1□	2□	3□
13.4　觉得被人歧视	1□	2□	3□
13.5　自己什么都不如别人	1□	2□	3□
13.6　活着没意思	1□	2□	3□
13.7　想自杀	1□	2□	3□

我们的访问到此结束,衷心谢谢您的合作！

附录三 《媒介对农村留守儿童的
社会化影响》调查问卷二

亲爱的同学：

　　您好！本调查目的是了解大众媒介对儿童的影响，为此，要占用您的一些宝贵时间，相信能得到您的理解和支持。您的个人资料绝不对外公布。在填写问卷时，请注意下列事项：

　　1. 这不是考试，答案没有对和错之分，你只要按照你的实际情况回答就可以。

　　2. 其中一些问题是多项选择题，你可以选择多个答案，如果备选答案中没有，请你选择最后一项并填写出。

　　　　　　　　　　　　　　　　　　衷心谢谢您的合作！

第一部分　媒介接触行为

　　一　你家里有以下物品吗？如果有，请划"√"。

电视机	VCD 或 DVD	电话	电子游戏机	电脑	收音机	数码相机	DV 或摄像机

　　二　你接触以下媒介的频率，请在符合你情况的方框中划"√"。

	几乎每天 （6—7 天/周）	经常 （4—5 天/周）	有时 （2—3 天/周）	偶尔 （1—2 天/周）	从不
电视					
广播					
报纸					
课外书刊					
互联网					
手机					

三　你上周平均每天接触以下媒介的时间，请在符合你情况的方框中划"√"。

	电视	广播	报纸	课外书刊	互联网	手机
120 分钟以上						
60—120 分钟						
30—60 分钟						
1—30 分钟						
未接触						

四　你每天可以支配的自由时间（自由时间指的是除去做作业、生活必须以及上课之外所余时间）：

1　半小时以内；2　一小时左右；3　一到两小时；4　两到三小时；5　三小时以上；6　没有

五　你经常从事的课余活动（最多选出三项）：

1　做作业　2　读报纸　3　看课外书刊　4　看电视5　看电影或碟片　6　打游戏　7　上网　8　参加辅导班9　和同学朋友玩　10　听广播　11　做家务　12　其它（请写出：_____）

六　你看电视吗？1 看　2 不看➡请跳到第九题

七　你看电视的情况：（请在符合你情况的方框中划"√"）

	非常喜欢	喜欢	一般	不太喜欢	不喜欢		非常喜欢	喜欢	一般	不太喜欢	不喜欢
新　　闻						谈话、评论					
科教节目						生活服务					
动 画 片						综艺、娱乐					
少儿节目						戏剧、曲艺					
电 视 剧						法制节目					
纪实节目						体育节目					
财经报道						电　　影					
广　　告						其它_____					

八　最多举出三部你喜欢的电视节目的名称_____，

_____，_____

九　你听广播吗？　1 听　2 不听➡请跳到第 12 题

十　你听广播的情况：（请在符合你情况的方框中划"√"）

	非常喜欢	喜欢	一般	不太喜欢	不喜欢		非常喜欢	喜欢	一般	不太喜欢	不喜欢
时政新闻						流行音乐					
娱乐新闻						广播剧					
体育报道						点歌节目					
科教节目						生活服务信息节目					
体育报道						戏剧/曲艺					
经济信息						广告					
英语节目						其它_____					

十一　最多举出三个你喜欢的广播节目的名称_____，

_____，_____

十二　你读报吗？1 读　2 不读➡请跳到第 15 题

十三　你读报的情况：（请在符合你情况的方框中划"√"）

	非常喜欢	喜欢	一般	不太喜欢	不喜欢		非常喜欢	喜欢	一般	不太喜欢	不喜欢
时政新闻						读者来信					
科教文化						理论文章					
体育报道						评　论					
娱乐报道						财经报道					
副　刊						广　告					
益智竞猜						其它＿＿＿					

十四　最多举出三个你喜欢的报纸或者栏目的名称

＿＿＿＿,＿＿＿＿,＿＿＿＿

十五　你读课外书刊(包括网络书刊)吗？　1 读　2 不读➡请跳到第 18 题

十六　你阅读课外书刊(包括网络书刊)的情况：(请在符合你情况的方框中划"√")

	非常喜欢	喜欢	一般	不太喜欢	不喜欢		非常喜欢	喜欢	一般	不太喜欢	不喜欢
时政类						军事类					
科普类						经典名著					
学习辅导类						青春读物					
鬼怪灵异						历史故事					
科幻探险						人物传记					
侦探类						旅游考古					
悬疑幻想类						神话传奇					
自然地理类						武侠类					
歌曲影视类						漫画书					

十七　最多举出三本你喜欢的课外书刊的名称＿＿＿＿,

＿＿＿＿,＿＿＿＿

十八　你上网吗？1 上　2 不上➡请跳到第 21 题

十九 你上网的主要活动：(请在符合你情况的方框中划
"√")

	非常喜欢	喜欢	一般	不太喜欢	不喜欢		非常喜欢	喜欢	一般	不太喜欢	不喜欢
看新闻						查找资料					
写博客或微博						下载软件					
玩游戏						购物					
聊天						跟帖、发帖					
看影视、视频						收发电子邮件					
网上阅读						其他____					

二十 如果你打游戏,最多举出三个你喜欢的网络游戏名称
_____,_____,_____

二十一 你有属于自己的手机吗? 1 有　2 没有➡请跳到第
二十三题

二十二 你使用手机主要是用来：

	非常喜欢	喜欢	一般	不太喜欢	不喜欢		非常喜欢	喜欢	一般	不太喜欢	不喜欢
打电话						看视频、听音乐					
发短信						图铃下载					
玩游戏						看电子书					
手机上网						拍照或录像					
看手机报						其它____					
定制信息											

第二部分 社会化状况

1 你是否能够：请在符合你情况的方框中划"√"

	非常符合	比较符合	不太符合	不符合	很不符合
1.1 独自理发					
1.2 独自看病					
1.3 骑车上街					
1.4 独自乘车					
1.5 照顾生病的家人					
1.6 做家务					
1.7 整理床铺					

2 你交往的情况是：请在符合你情况的方框中划"√"

	非常符合	比较符合	不太符合	不符合	很不符合
2.1 我与同桌的关系很好					
2.2 我有伙伴一起上学					
2.3 我能够很快结识新朋友					
2.4 我经常参加伙伴的游戏					

3 你平时的行为：请在符合你情况的方框中划"√"

	非常符合	比较符合	不太符合	不符合	很不符合
3.1 遵守学校纪律					
3.2 讲究文明礼貌					
3.3 主动帮助家长干活					
3.4 经常锻炼身体					
3.5 讲究个人卫生					
3.6 爱护公物					
3.7 团结同学					
3.8 尊敬师长					
3.9 节约水电					
3.10 诚实守信					
3.11 积极参加集体活动					
3.12 骂人					
3.13 打架					
3.14 撒谎					

4 你现实中的好朋友的数目大约有几个? 1 没有 2 两、三个 3 四到八个 4 六到十个 5 十个以上

5 你网上好友数目大约有几个? 1 没有 2 两、三个 3 四到八个 4 六到十个 5 十个以上

6 如果能自由的选择职业,你的理想是什么(请填写):当一名_____

7 你最后想达到的学历是什么? 1□初中 1□高中 2□中专 3□大专 4□大学 5□研究生

8 你在学校里的感觉如何? 请在符合你情况的方框中划"√"。

	非常符合	比较符合	不太符合	不符合	很不符合
8.1 我在我们班很愉快					
8.2 在班里我是个受欢迎的人					
8.3 我讨厌学校					
8.4 在班里,我是个重要的人					
8.5 老师认为我不是个好学生					

9 你对自己的评价:请在符合你情况的方框中划"√"

	非常符合	比较符合	不太符合	不符合	很不符合
9.1 喜欢与成人交往					
9.2 希望被看成大人					
9.3 感觉自己像个大人					
9.4 胆子大					
9.5 听话					
9.6 娇气					
9.7 懒惰					
9.8 粗心					
9.9 不合群					
9.10 易冲动					

续 表

	非常符合	比较符合	不太符合	不符合	很不符合
9.11 自信					
9.12 有主见					
9.13 能干					

10 你对以下说法的看法是：请在符合你情况的方框中划"√"

	非常符合	比较符合	不太符合	不符合	很不符合
10.1 我对目前生活很满意					
10.2 我经常感到孤独无助					
10.3 我觉得没有人真正关心我					
10.4 我很希望父母能在身边					
10.5 我有被遗弃的感觉					

11 你在家里的感觉如何？请在符合你情况的方框中划"√"。

	非常符合	比较符合	不太符合	不符合	很不符合
11.1 家里人只关心我的学习					
11.2 我很关心我的家庭					
11.3 我感觉不愉快					
11.4 我与家人相处的很融洽					
11.5 爸爸和妈妈的关系不好					

我们的访问到此结束，衷心谢谢您的合作！

附录四　访谈提纲

留守儿童访谈提纲

_____县 _____乡 _____村　儿童姓名：　　年龄：　性别：
_____学校 ___年级_____班　调查员：　　调查日期：

访谈要领：根据问卷中的下列问题启发访谈对象叙述相关的具体事例，并尽量按照原话记录下来（录音）。尽量选择发生时间较近的事例，注意区别开父母在身边的事例和外出务工后的事例。

一、媒介接触情况

1. 你平常闲暇时间主要进行哪些活动（如果涉及到媒体使用，请进一步提问：接触的时间、内容、主要活动、给你带来什么感受，原因、对受访者有什么样的影响、是否把某些节目或者内容作为情感的寄托、倾诉的对象、家长对你行为的态度？平时和同伴谈论这些内容的情况）？

2. 在父母出去打工前后对媒介的接触有什么变化吗？

3. 你比较喜欢的广告或者广告词？为什么？

4. 你喜欢看选秀节目吗？如何评价？你是否梦想过一夜成名？

5. 你喜欢的影视明星？为什么？

二、你在网上有恶语伤人，谩骂攻击威胁等行为吗？这和你平时的行为是否一致？网络中的你和现实中的你有差别吗？你怎样评价网络上的交往（如果受访者回答有网络的话）？

三、你觉得你的性格在父母出去打工后有什么变化吗？会常常感觉孤独、焦虑、缺乏安全感吗？

四、你和家人的关系如何（包括父母以及现在的监护人）？

五、道德规范状况

1. 看到电视中的暴力和血腥镜头，有什么感想？

2. 是否参与过打架事件？对打架是怎么看的？受谁影响？

3. 对"人与人之间的关系就是金钱关系"怎么看的？受谁影响？

六、社会交往

1. 你和爸爸/妈妈怎样联系？

2. 你有几个好朋友，你最喜欢他们身上的什么特点？为什么？

3. 当你碰到困难的时候，怎么办？为什么？

七、学习

1. 你学习成绩如何？父母外出后学习是否有变化？

2. 你上学的目标和理想是什么？以后想过一种什么样的生活？主要受谁的影响？

3. 平时感觉压力主要来自哪个方面？

八、理想目标

1. 有没有一位知名的人或你身边的人，你把他作为自己的榜样？为什么？

2. 你想购买的东西是不是看电视里面经常播放的？或者你喜欢的某个人物所拥有的？

3. 过去的一年里，什么事情让你印象深刻？为什么？

4. 你想到过要为国家做某种贡献？何以形成这样的看法？

5. 你认为社会或者国家面临的发展问题是什么？为什么？何以形成这样的看法？

6. 如果能自由地选择职业,你的理想是当一名_____? 为什么? 受谁影响?

7. 以后打算过怎样的生活? 受谁的影响?

班主任访谈提纲

访谈要领:根据问卷中的下列问题启发访谈对象叙述相关的具体事例,并尽量按照原话记录下来(录音)。尽量选择发生时间较近的事例,注意区别开父母在身边的事例和外出务工后的事例,并尽量让访谈对象自由叙述。

_____县 _____乡 _____村 _____学校

班主任姓名: 年龄 性别 学历程度

班主任所在的_____年级_____班 调查日期: 调查员:

一、留守儿童的课堂行为

课堂活动和表现:具体课堂表现、家庭作业情况、学习积极性、不良学习行为(考试作弊、干扰课堂秩序、旷课、逃课等)。

二、留守儿童的课外行为

1. 课外活动:参与与否,参与的积极性,参与的频率、团队精神、反应程度等。

2. 课外不良行为:打架、损坏公物、偷窃、随意涂写、恶作剧、讲粗话、污染环境等。

3. 行为原因、行为后果、教育措施、教育效果等。

三、留守儿童的道德和情感

1. 是否有对他人冷漠、孤独内向、郁郁寡欢、暴躁愤怒等性格迹象。

2. 社会公德意识:有无无视公德、对社会秩序的反抗等迹象。

3. 价值取向:享乐主义、自我中心的观念与非留守儿童有无显著差异。

4. 原因分析、对策、改进效果等。

四、对留守儿童接触各种媒介的了解情况

五、留守儿童的管理和帮助

1. 管理难点：与留守儿童父母沟通的途径和方法，隔代养育的问题有哪些，父母对于学校教育工作的态度等。

2. 家访：频率、内容、效果评估、留守儿童是否作为重点。

六、补充：在询问完上述问题之后，需要补充询问下述问题。

父母外出务工期间有关留守儿童是否发生过一些恶性事件，如被诱拐、强暴、毒打，或在别人教唆下从事偷窃等违法行为。如有，校方是否求助过当地政府或法律部门，结果如何，校方又是如何处理的（注意：询问此问题的时候要注意间接暗示，并运用适当措词巧妙避开当事人的难言之隐。对于当事人的叙述要尽量详细记录）。

监护人访谈提纲

访谈要领：根据问卷中的下列问题启发访谈对象叙述相关的具体事例，并尽量按照原话记录下来（录音）。尽量选择发生时间较近的事例，注意区别开父母在身边的事例和外出务工后的事例。注意：尽量让访谈对象自由叙述。

一、基本信息

访谈对象与孩子的关系：　　　　　　年龄：

二、留守孩子的性格

三、平时有没有注意孩子的以下情况

1. 吵架的事例（时间、地点、参与人员、原因、结果、处理）

2. 打架的事例（时间、地点、参与人员、原因、结果、处理）

3. 从家里悄悄拿钱的例子（时间、金额、原因、用途、处理结果）

4. 闹着要去爸妈那里的事例（时间、闹的方式、安慰的话、以后的状况）

5. 睡觉忘了上学的例子（大人叫过没有，起来后发脾气没有，后来

的结果)

四、媒介对农村留守儿童社会化的影响

1. 课余时间都干些什么？如果是媒体接触,请具体询问(时间、内容、对儿童接触媒介的态度,对儿童的影响等)。

2. 有没有沉迷于某种媒介的例子(内容、多长时间、结果、大人的态度、儿童的态度)？

五、在家庭生活中的表现

1. 是否主动做家务、是否听从安排(熟练程度、劳累程度、结果)？

2. 是否尊老爱幼？

3. 平时的情绪怎么样？和父母外出前后有无区别。

4. 平时你是怎样管教的？

六、补充：在询问完上述问题之后,需要补充询问下述问题

父母外出务工期间孩子是否发生过一些恶性事件,如被诱拐、强暴、毒打,或在别人教唆下从事偷窃等违法行为。发生此类事件之后有没有求助当地政府或法律部门,有没有得到及时的援助。

(注意：1 询问此问题的时候要注意间接暗示,并运用适当措词巧妙避开当事人的难言之隐。对于当事人的叙述要尽量详细记录　2　这个问题不一定问你所调查的对象,可以询问他周边环境中的其他儿童是否有以上情况发生)

当地政府部门的访谈提纲

姓名：　　　年龄：　　　性别：　　　职业：

1. 留守儿童基本情况,留守儿童主要的问题。

2. 政府部门是否对留守儿童主动进行政策上的关怀？比如组织活动等。是否有和媒介有关的行为和活动？

3. 留守儿童的父母外出务工期间孩子是否发生过一些恶性事件？如被诱拐、强暴、毒打,或在别人教唆下从事偷窃等违法行为。

这类事件发生后有没有得到政府或司法部门的及时帮助(注意：询问此问题的时候要注意间接暗示,并运用适当措词巧妙避开叙述人的难言之隐。对于相关人员的叙述要尽量详细记录)？

后　记

　　本书是我作为项目负责人所主持的课题,即霍英东教育基金会第十一届高等院校青年教师基金(优选资助课题)资助项目《媒介使用对农村"留守儿童"的社会化影响》(项目编号 111094),教育部人文社会科学研究青年项目《电视对农村留守儿童的社会化影响》(项目编号 08JC860006)和上海市教委创新科研项目《农村留守儿童的电视认知模式及其社会化影响》(项目编号 09ZS73)的最终成果,感谢霍英东基金会、教育部和上海市教委所提供的资金支持,使课题组得以有条件深入到农村地区展开实地调查。

　　感谢上海社会科学院青少年发展研究所所长杨雄对整个课题构架所提供的学术指导,感谢上海社会科学院的雷开春博士就问卷设计提供的建议和指导,感谢同门禹卫华在调查中提供的帮助,感谢课题组成员赵士林、邓惟佳、刘佳付出的辛勤劳动,感谢我的硕士研究生郝燕燕、孙丹、蔡琳琳的鼎力协助,感谢我的同事杨敏提供的无私帮助,感谢上海外国语大学新闻传播学院学生仁青提供的帮助,更感谢责任编辑胡小波老师。

王玲宁
2012 年 7 月

www.ingramcontent.com/pod-product-compliance
Lightning Source LLC
Chambersburg PA
CBHW062059080426
42734CB00012B/2690